Der eine sucht einen Geburtshelfer für seine Gedanken,
der andre einen, dem er helfen kann:
So entsteht ein gutes Gespräch.

Friedrich Nietzsche

Inhalt

Friedrich Nietzsche
Von den ersten und letzten Dingen 11

Michael Hauskeller
Die Erfindung des Erkennens 15

Marcus Chown
Die zufallsbedingte Wirklichkeit 21

Khalil Gibran
Das Leben 34

Martin Rees
Interstellare Kommunikation 37

René Descartes
Maschinen werden nie wirklich sprechen können 43

Jonathan Barnes
Gespräch mit Aristoteles über die Seele 46

Heinrich Heine
Ganz entsetzlich ungesund 51

Erich Fromm
Wer ist der Mensch? 53

Kurt Tucholsky
Das »Menschliche« 65

Johann Gottfried Herder
Glückseligkeit des Menschen 70

Seneca
*Sind es die Sinne oder ist es der Verstand,
durch den das Gute erfaßt wird?* 80

Konfuzius
Die fünf Vorbedingungen der Sittlichkeit 87

Epikur
Über das Lebensziel 88

Immanuel Kant
Vom Ursprung des Bösen in der menschlichen Natur 90

Arthur Schopenhauer
Grenzenloses Mitleid 96

Friedrich Nietzsche
Der Wille zur Macht 109

Franz Kafka
Ein Mensch hat freien Willen 111

Mascha Kaléko
Apropos »Freier Wille« 112

*Altägyptische Anklage
gegen den Schöpfergott und dessen Antwort* 113

Buddha
Gibt es ein Jenseits? 116

Rainer Maria Rilke
Das Märchen von den Händen Gottes 128

Blaise Pascal
Erkenntnis Gottes 136

Friedrich Nietzsche
Ausser Dienst 137

Dschuang Dsi
Das Dao von Himmel und Erde 143

Hanna Johansen
Wer trägt das Gewicht der Welt? 145

Gottfried Keller
Denker und Dichter 151

Quellenverzeichnis 155

Friedrich Nietzsche

Von den ersten und letzten Dingen

1.

Chemie der Begriffe und Empfindungen. – Die philosophischen Probleme nehmen jetzt wieder fast in allen Stücken dieselbe Form der Frage an, wie vor zweitausend Jahren: wie kann Etwas aus seinem Gegensatz entstehen, zum Beispiel Vernünftiges aus Vernunftlosem, Empfindendes aus Todtem, Logik aus Unlogik, interesseloses Anschauen aus begehrlichem Wollen, Leben für Andere aus Egoismus, Wahrheit aus Irrthümern? Die metaphysische Philosophie half sich bisher über diese Schwierigkeit hinweg, insofern sie die Entstehung des Einen aus dem Andern leugnete und für die höher gewertheten Dinge einen Wunder-Ursprung annahm, unmittelbar aus dem Kern und Wesen des »Dinges an sich« heraus. Die historische Philosophie dagegen, welche gar nicht mehr getrennt von der Naturwissenschaft zu denken ist, die allerjüngste aller philosophischen Methoden, ermittelte in einzelnen Fällen (und vermuthlich wird diess in allen ihr Ergebniss sein), dass es keine Gegensätze sind, ausser in der gewohnten Übertreibung der populären oder metaphysischen Auffassung und dass ein Irrthum der Vernunft dieser Gegenüberstellung zu Grunde liegt: nach ihrer Erklärung giebt es, streng gefasst, weder ein unegoistisches Handeln, noch ein völlig interesseloses Anschauen, es sind beides nur Sublimirungen, bei denen das Grundelement fast verflüchtigt erscheint und nur noch für die feinste Beobachtung sich als vorhanden erweist. – Alles, was wir brauchen und was erst bei der gegenwärtigen Höhe der einzelnen

Wissenschaften uns gegeben werden kann, ist eine *Chemie* der moralischen, religiösen, ästhetischen Vorstellungen und Empfindungen, ebenso aller jener Regungen, welche wir im Gross- und Kleinverkehr der Cultur und Gesellschaft, ja in der Einsamkeit an uns erleben: wie, wenn diese Chemie mit dem Ergebniss abschlösse, dass auch auf diesem Gebiete die herrlichsten Farben aus niedrigen, ja verachteten Stoffen gewonnen sind? Werden Viele Lust haben, solchen Untersuchungen zu folgen? Die Menschheit liebt es, die Fragen über Herkunft und Anfänge sich aus dem Sinn zu schlagen: muss man nicht fast entmenscht sein, um den entgegengesetzten Hang in sich zu spüren? –

2.

Erbfehler der Philosophen. – Alle Philosophen haben den gemeinsamen Fehler an sich, dass sie vom gegenwärtigen Menschen ausgehen und durch eine Analyse desselben an's Ziel zu kommen meinen. Unwillkürlich schwebt ihnen »der Mensch« als eine aeterna veritas, als ein Gleichbleibendes in allem Strudel, als ein sicheres Maass der Dinge vor. Alles, was der Philosoph über den Menschen aussagt, ist aber im Grunde nicht mehr, als ein Zeugniss über den Menschen eines *sehr beschränkten* Zeitraumes. Mangel an historischem Sinn ist der Erbfehler aller Philosophen; manche sogar nehmen unversehens die allerjüngste Gestaltung des Menschen, wie eine solche unter dem Eindruck bestimmter Religionen, ja bestimmter politischer Ereignisse entstanden ist, als die feste Form, von der man ausgehen müsse. Sie wollen nicht lernen, dass der Mensch geworden ist, dass auch das Erkenntnissvermögen geworden ist; während Einige von ihnen sogar die ganze Welt aus diesem Erkenntnissvermögen sich herausspinnen lassen. – Nun ist alles *Wesentliche* der menschlichen Entwickelung in Urzeiten vor sich gegangen, lange vor jenen vier tausend Jahren, die wir ungefähr kennen; in diesen mag sich der Mensch nicht viel mehr verändert haben. Da sieht aber der Philosoph »Instincte« am gegenwärtigen Menschen und nimmt an, dass diese zu den unveränderlichen Thatsachen des Menschen gehören und insofern einen Schlüssel zum Verständniss der Welt überhaupt abgeben können; die ganze Teleologie ist darauf gebaut, dass man vom Menschen der letzten vier Jahrtausende als von einem *ewigen* redet, zu welchem hin alle Dinge in der Welt von ihrem Anbeginne eine natürliche Richtung haben. Alles aber ist geworden; es giebt *keine ewigen Thatsachen:* so wie es keine absoluten Wahrheiten giebt. – Demnach ist das *historische Philosophiren* von jetzt ab nöthig und mit ihm die Tugend der Bescheidung.

3.

Schätzung der unscheinbaren Wahrheiten. – Es ist das Merkmal einer höhern Cultur, die kleinen unscheinbaren Wahrheiten, welche mit strenger Methode gefunden wurden, höher zu schätzen, als die beglückenden und blendenden Irrthümer, welche metaphysischen und künstlerischen Zeitaltern und Menschen entstammen. Zunächst hat man gegen erstere den Hohn auf den Lippen, als könne hier gar nichts Gleichberechtigtes gegen einander stehen: so bescheiden, schlicht, nüchtern, ja scheinbar entmuthigend stehen diese, so schön, prunkend, berauschend, ja vielleicht beseligend stehen jene da. Aber das mühsam Errungene, Gewisse, Dauernde und desshalb für jede weitere Erkenntniss noch Folgenreiche ist doch das Höhere, zu ihm sich zu halten ist männlich und zeigt Tapferkeit, Schlichtheit, Enthaltsamkeit an. Allmählich wird nicht nur der Einzelne, sondern die gesammte Menschheit zu dieser Männlichkeit emporgehoben werden, wenn sie sich endlich an die höhere Schätzung der haltbaren, dauerhaften Erkenntnisse gewöhnt und allen Glauben an Inspiration und wundergleiche Mittheilung von Wahrheiten verloren hat. – Die Verehrer der *Formen* freilich, mit ihrem Maassstabe des Schönen und Erhabenen, werden zunächst gute Gründe zu spotten haben, sobald die Schätzung der unscheinbaren Wahrheiten und der wissenschaftliche Geist anfängt zur Herrschaft zu kommen: aber nur weil entweder ihr Auge sich noch nicht dem Reiz der *schlichtesten* Form erschlossen hat oder weil die in jenem Geiste erzogenen Menschen noch lange nicht völlig und innerlich von ihm durchdrungen sind, so dass sie immer noch gedankenlos alte Formen nachmachen (und diess schlecht genug, wie es Jemand thut, dem nicht mehr viel an einer Sache liegt). Ehemals war der Geist nicht durch strenges Denken in Anspruch genommen, da lag sein Ernst im Ausspinnen von Symbolen und Formen. Das hat sich verändert; jener Ernst des Symbolischen ist zum Kennzeichen der niederen Cultur geworden; wie unsere Künste selber immer intellectualer, unsere Sinne geistiger werden, und wie man zum Beispiel jetzt ganz anders darüber urtheilt, was sinnlich wohltönend ist, als vor hundert Jahren: so werden auch die Formen unseres Lebens immer *geistiger,* für das Auge älterer Zeiten vielleicht *hässlicher,* aber nur weil es nicht zu sehen vermag, wie das Reich der inneren, geistigen Schönheit sich fortwährend vertieft und erweitert und inwiefern uns Allen der geistreiche Blick jetzt mehr gelten darf, als der schönste Gliederbau und das erhabenste Bauwerk.

Michael Hauskeller
Die Erfindung des Erkennens

»In irgendeinem abgelegenen Winkel des in zahllosen Sonnensystemen flimmernd ausgegossenen Weltalls gab es einmal ein Gestirn, auf dem kluge Tiere das Erkennen erfanden. Es war die hochmütigste und verlogenste Minute der ›Weltgeschichte‹: aber doch nur eine Minute. Nach wenigen Atemzügen der Natur erstarrte das Gestirn, und die klugen Tiere mußten sterben.« Mit dieser Fabel beginnt Friedrich Nietzsche (1844–1900) seinen Essay *Über Wahrheit und Lüge im außermoralischen Sinne*. Mit den klugen Tieren, die das Erkennen erfanden, sind natürlich die Menschen gemeint. Die im Verhältnis zur Geschichte der Welt sehr knapp bemessene Dauer unserer Existenz als Gattung läßt unseren Glauben, diese Welt tatsächlich in ihrem Wesen erkennen zu können, als unerhörte Anmaßung erscheinen. Obwohl wir nur ein kurzes Gastspiel geben und es in nicht allzu ferner Zukunft so sein wird, als hätte es uns nie gegeben, halten wir uns doch für das Zentrum der Welt, für die Krone der Schöpfung, da wir uns denkend und erkennend über das Ganze zu erheben meinen. (Der Mensch, sagte Pascal, ist nur ein sehr schwaches Schilfrohr der Natur, aber, fügte er hinzu: Er ist ein *denkendes* Schilfrohr und daher viel edler als das Universum, das ihn doch ohne die geringste Anstrengung zermalmt!) Tatsächlich aber, meint Nietzsche, beruht unser Hochmut auf einer Illusion oder einem Mißverständnis. Denn die Funktion des Verstandes bestehe gar nicht darin, uns die Wahrheit erkennen zu lassen, sondern ganz im Gegenteil: Er ist in erster Linie ein Werkzeug der Täuschung!

Denn nur durch die Täuschung kann sich ein so schwaches Geschöpf wie der Mensch in der Natur behaupten. Weder brauchen wir die Wahrheit, um zu überleben und uns in der Welt zurechtzufinden, noch ist sie uns überhaupt zugänglich. Anstatt das Wesen der Dinge zu erkennen, sind wir »tief eingetaucht in Illusionen und Traumbilder«, unser »Auge gleitet nur auf der Oberfläche der Dinge herum« und begnügt sich damit, »Reize zu empfangen und gleichsam ein tastendes Spiel auf dem Rücken der Dinge zu spielen«. Denn unsere Sinne vermitteln uns ja keinen wahren Eindruck dessen, was um uns herum wirklich geschieht. Vielmehr ist das, was wir wahrnehmen, nichts als eine Übersetzung von Nervenreizen in Bilder und somit bereits eine Metapher, die uns keinen Aufschluß über die Dinge selbst gibt.

Daß wir unter diesen Umständen dennoch so etwas wie einen Trieb zur Wahrheit zu haben scheinen, erklärt sich zunächst daraus, daß wir irgendwann beschlossen haben, uns in eine gesellschaftliche Ordnung zu fügen, um so den Naturzustand und damit den »Krieg aller gegen alle« (Hobbes) – in dem nur der überlebt, der am besten zu täuschen vermag – zu beenden. Dieser Zusammenschluß erforderte nämlich auch die Einigung auf einen bestimmten Sprachgebrauch, an den sich von nun an alle zu halten hatten und der es erstmals erlaubte, das Wahre vom Unwahren klar abzugrenzen. Seither gilt das als Wahrheit, was den sprachlichen Festlegungen entspricht, und als Lüge, was ihnen nicht entspricht – so wenn einer Armut nennt, was alle anderen mit dem Wort Reichtum bezeichnen.

Aber was für eine Wahrheit ist das, die wir so gewonnen haben? Entsprechen denn die Worte den Dingen, so daß wir tatsächlich etwas über diese erfahren haben, wenn wir sie richtig, das heißt in Übereinstimmung mit der sprachlichen Konvention, benannt haben? Keineswegs, meint Nietzsche, denn ein Wort ist letztlich auch nichts anderes als eine weitere Übertragung, nämlich die Übertragung des zuvor aus dem Nervenreiz entstandenen Bildes in einen Laut. Also sind auch Worte wieder Metaphern, schlimmer noch: Metaphern von Metaphern. Was wir im Wort abbilden, sind, genau besehen, gar nicht die Dinge selbst, ja nicht einmal die Bilder oder Erscheinungen der Dinge, sondern lediglich die *Beziehungen,* in denen wir Menschen zu ihnen stehen. Wenn wir sagen, daß der Stein hart sei, bringen wir nur zum Ausdruck, wie er sich *für uns* anfühlt. Wenn wir die Dinge in Geschlechter einteilen oder Arten voneinander abgrenzen, dann greifen wir willkürlich, geleitet nur durch die Zwecke, die wir gerade verfolgen, einige Eigenschaften heraus und erklären diese für wesentlich und alle anderen für unwesentlich. Bezogen auf diese wenigen für wesentlich erklärten Eigenschaften finden wir dann, daß einige Dinge einander gleichen, woraufhin wir uns berechtigt glauben, sie mit ein und demselben Namen zu belegen. So bringen wir die Welt auf den Begriff, indem wir das, was uns in ihr begegnet, nach einem Maß ordnen, das wir ihm selber gegeben haben. »Jeder Begriff entsteht durch Gleichsetzen des Nichtgleichen.« Wären aber unsere Interessen andere gewesen, dann wären auch die Setzungen, die wir mittels der Sprache vornehmen, anders verlaufen. Denn alle Dinge, oder vielleicht sollte man besser sagen: alle Ereignisse, gleichen einander ja in bestimmter Hinsicht und unterscheiden sich in anderer. Tatsächlich ist die Verschiedenheit mindestens genauso grundlegend wie die Ähnlichkeit, nur daß wir die Unterschiede bei der Begriffsgebung ignorieren und später vergessen. Dieses Vergessen erlaubt es uns dann, uns in dem Glauben zu wiegen, unsere gänzlich anthropomorphen Begriffe hätten irgend etwas mit der Wirklichkeit, mit dem Wesen der Dinge zu tun. »Was also ist Wahrheit? Ein bewegliches Heer von Metaphern, Metonymien, Anthropomorphismen, kurz eine Summe von menschlichen Relationen, die, poetisch und rhetorisch gesteigert, übertragen, geschmückt wurden und die nach langem Gebrauch einem Volke fest, kanonisch und verbindlich dünken: die Wahrheiten sind Illusionen, von denen man vergessen hat, daß sie welche sind.«

Obwohl wir somit, wenn wir die Wahrheit zu sagen glauben, nichts anderes tun als »nach einer festen Konvention zu lügen«, »herdenweise in einem für alle verbindlichen Stile«, ist uns doch diese Lüge durch lange Gewohnheit so selbstverständlich geworden, daß sie uns nicht mehr als solche bewußt ist. Wir haben die ursprünglich allein aus Gründen der Nützlichkeit geschlossene sprachliche Vereinbarung so vollständig übernommen, daß wir inzwischen unser Selbstwertgefühl an die Einhaltung der Konvention knüpfen. Wir halten uns jetzt für moralisch verpflichtet, die Lüge als Wahrheit auszugeben und alles, was dieser Pseudo-Wahrheit nicht entspricht, auszublenden und nach Kräften zu unterdrücken. Wir stellen unser Denken und Handeln unter die Herrschaft der Abstraktionen und nennen es »vernünftig«, wir verflüchtigen unsere reichen Sinneserfahrungen zu farblosen Schemata, die sich dann nach Belieben gruppieren und einordnen lassen und so den beruhigenden Eindruck von Regelmäßigkeit und Festigkeit erzeugen. Der Mensch erweist sich hier als »gewaltiges Baugenie, dem auf beweglichen Fundamenten und gleichsam auf fließendem Wasser das Auftürmen eines unendlich komplizierten Begriffsdomes gelingt«.

Nun ist es innerhalb eines solchen Baus ganz leicht, das zu gewinnen, was wir stolz und naiv Erkenntnis nennen. Wir müssen darin nämlich nur das wiederfinden, was wir zuvor hineingetan haben. Der Akt des Findens ist also nur möglich, weil ihm eine Erfindung vorausgeht. So täuschen wir uns selbst über den Wert und die Reichweite dieses sogenannten Erkennens hinweg und knüpfen unser Selbstbewußtsein daran, ohne zu bemerken, daß wir nicht weiter blicken als andere Geschöpfe, nur eben anders. Jedes Wesen, die Mücke genauso wie der Mensch, betrachtet die Dinge aus seiner eigenen Perspektive, legt daran sein eigenes Maß an, und keine Perspektive ist »richtiger« als die andere. Und doch binden wir uns ohne Not an eine ganz bestimmte Perspektive, indem wir am Glauben an die Wahrheit festhalten, daran, daß es eine Perspektive gebe, die sich vor allen anderen auszeichne, die gleichsam keine Perspektive mehr sei. Durch den Bau der Begriffe zementieren wir ein bestimmtes Weltbild und berauben uns so selbst einer wesentlichen Freiheit, der schöpferischen Freiheit, die den Menschen am ehesten auszeichnet. Denn wenn den Menschen etwas ausmacht, dann ist es nicht der Trieb zur Wahrheit, sondern der Trieb zur Metaphernbildung, der sich auch heute noch trotz all unserer Bemühungen, ihn durch begriffliche Festlegungen zu bändigen, immer wieder Bahn bricht: nämlich in der Kunst. »Fortwährend verwirrt er die Rubriken und Zellen der Begriffe dadurch, daß er neue Übertragungen, Metaphern, Metonymien hinstellt, fortwährend zeigt er die Begierde, die vorhandene Welt des wachen Menschen so bunt unregelmäßig, folgenlos unzusammenhängend, reizvoll und ewig neu zu gestalten, wie es die Welt des Traumes ist.«

Wahre Erkenntnis, insistiert Nietzsche, ist nicht möglich; aber er macht nicht den Eindruck, als würde er dies für einen großen Verlust halten. Vielmehr scheint er uns dazu zu ermuntern, uns ins ästhetische Verhalten einzuüben und zu lernen, uns statt als erkennendes als künstlerisch schaffendes Wesen zu verstehen. Denn was könnte schließlich großartiger sein und größere Freiheit versprechen als diese als Erkenntnisvermögen mißverstandene Fähigkeit, uns die Welt immer wieder neu zu *erfinden?* Der entfesselte, zu seiner eigentlichen Bestimmung zurückgekehrte Verstand zerschlägt fröhlich und wild wuchernd das Knochengerüst der Begriffe. In diesem freien, keinen Wahrheitszwängen unterworfenen Spiel aber sucht und findet der Mensch Erhellung, Aufheiterung, Erlösung, kurz: das Glück.

Marcus Chown
Die zufallsbedingte Wirklichkeit

Wieso die Tatsache, dass eine Menge Information zur Beschreibung der Welt nötig ist, uns verrät, dass beim Zustandekommen der Alltagswirklichkeit der Zufall eine Rolle gespielt hat

> Information ist ein Begriff revolutionär neuer Art – diese Erkenntnis ist ein Meilenstein der Zeitgeschichte.
> Gregory Chaitin, *The Unknowable*

> ... so sind wir Sklaven des Zufalls.
> Shakespeare, *Das Wintermärchen*

Die Welt ist komplex: Regenwolken fegen über den Himmel. Ein Baum wiegt sich sacht im Wind. Eine Frau in roter Jacke geht mit einem cremefarbenen Pudel an der Leine die Straße entlang und hält am Fußgängerüberweg an. Eine solche Szene genau zu beschreiben erfordert eine gewaltige Menge Information. Unerlässliche Angaben betreffen beispielsweise Ort und Gestalt und Struktur jeder einzelnen Wolke, Ort und Gestalt jedes Asts und jedes Blatts an dem Baum und so weiter. All die viele Information wird benötigt, weil eine Unmenge von Einzelheiten genauestens beschrieben werden muss, damit die Szene eindeutig von zahllosen konkurrierenden Möglichkeiten zu unterscheiden ist. Denn in enorm vieler Hinsicht könnte die Szene variieren, auf enorm vielfältige Weise könnte ihr »Stoff« anders angeordnet sein. Eine Wolke könnte sich an anderer Stelle befinden, an der Stelle des Baums könnte ein Laternenpfahl stehen, ein Mann, der sein Frettchen ausführt, könnte an den Platz der Frau mit dem Pudel getreten sein. Damit jegliche Möglichkeit der Verwechslung mit einer anderen, ähnlichen Szene ausgeschlossen ist, müssten eigentlich Ort und Eigenschaften jedes Atoms der Szene angegeben, ja jedes in ihr enthaltene subatomare Teilchen genau beschrieben werden.

Dass für eine Beschreibung des Universums eine Unmenge Information nötig ist, mag als eine banale und nicht sonderlich bedeutsame Beobachtung erscheinen. In Wirklichkeit jedoch teilt diese Beobachtung uns etwas Profundes über unser Universum mit. Dem Physiker Stephen Hsu von der University of Oregon zufolge verrät sie uns, dass die Welt um uns herum aus purem Zufall so, wie wir sie wahrnehmen, und nicht anders ist. Sie verrät uns, dass die Komplexität der Welt das Ergebnis einer langen Reihe von Würfelwürfen ist, die sich bis zum Anbeginn der Zeit zurück erstreckt. Einsteins berühmt gewordenem Ausspruch »Gott würfelt nicht mit dem Kosmos« hält Hsu entgegen: »Nicht nur würfelt Gott mit dem Kosmos: Wenn er es nicht täte, gäbe es gar keinen Kosmos – jedenfalls keinen von solcher Mannigfaltigkeit und Komplexität, wie sie Vorbedingung waren für die Entstehung des Lebens.«

Wie ist es möglich, aus der bloßen Tatsache, dass das Universum komplex ist und deshalb für seine Beschreibung eine Unmenge Information benötigt wird, eine so überraschende Schlussfolgerung abzuleiten? Nun, streng genommen ist es nicht möglich. Eine derartige Folgerung lässt sich nur auf der Basis eines Vergleichs der im heutigen Universum enthaltenen Informationsmenge mit der im Universum zum Zeitpunkt seiner Geburt enthaltenen Informationsmenge ziehen.

Nach dem Standardmodell der Kosmologie ging das Universum – mit all seinen Milliarden und Abermilliarden von Galaxien und Sternen – durch Aufblähung (Inflation) aus einem Stückchen »Vakuum«, viel kleiner als ein Atom, hervor. Den Informationsgehalt dieses präinflationären Flecks zu schätzen, ist eine harte Nuss. Aber Hsu wendet das folgende vereinfachte Deduktionsverfahren an. Vor der Inflation – als das Universum etwa 10^{-43} Sekunden alt war – waren die vier Grundkräfte der Natur nach gängiger Überzeugung in einer einzigen Urkraft vereint. Das Universum hatte zu dieser Zeit die »Planck-Temperatur« – 10^{32} Grad – und maß nicht mehr als die »Planck-Länge« – 10^{-35} Meter. Solange die Physiker, wie es derzeit noch der Fall ist, einer Quantentheorie der Gravitation ermangeln, können sie über diese Zeit nichts wissen. Als jedoch das Universum auf das Zehnfache der Planck-Länge expandiert und seine Temperatur auf ein Zehntel der Planck-Temperatur gesunken war, begann minimal schon eine eigenständige Quantengravitation zu wirken. Über diese Zeit sind also Aussagen möglich. Das Universum von damals kann man sich als zusammengesetzt aus 1000 Würfeln der Seitenlänge 1 Planck-Länge vorstellen (denn die Planck-Länge ist nach dem derzeitigen Kenntnisstand der Physik die kleinstmögliche Länge überhaupt – funktional mit der Größe eines Rasterpunkts auf einem Zeitungsfoto vergleichbar). Wie an früherer Stelle schon erwähnt, hängt der Informationsgehalt eines Objekts mit der Zahl der Möglichkeiten zusammen, dessen Teilelemente auf unterschiedliche Weise anzuordnen. Die zentrale Frage ist also, wie viele verschiedene Zustände gab es für dieses 1000-Würfel-Universum?

Jeder dieser Würfel konnte entweder Energie enthalten oder frei von Energie sein, so wie die einzelnen Rasterstellen auf einem Zeitungsfoto schwarz gefärbt oder frei von Farbe sein können. Sich ein aus 1000 gefüllten und leeren Würfeln bestehendes Universum anschaulich vorzustellen, ist nicht einfach. Stellen Sie sich deswegen zunächst einmal ein aus einem einzigen Würfel bestehendes Universum vor. Der Würfel dieses 1-Würfel-Universums könnte entweder gefüllt oder leer sein – was 2 verschiedene Zustände ergibt. Die Würfel eines 2-Würfel-Universums könnten leer-leer oder leer-voll oder voll-leer oder voll-voll sein – was 4, in anderer Notation: 2^2, mögliche Zustände ergibt. Ein 3-Würfel-Universum kommt auf 2^3, ein 4-Würfel-Universum auf 2^4 mögliche Zustände. Sehen Sie das Schema? Wir können also sagen, dass die Zahl der für ein präinflationäres Universum möglichen Zustände seines Vakuums sich auf 2^{1000} belief. $+2^{1000}$ ist die Zahl 2, 1000 Mal mit sich selbst multipliziert – ist gleich $1{,}071\,508\,61 \times 10^{301}$ (grob gesprochen, eine 1 mit 301 Nullen dahinter).

Das mutet vielleicht als eine gigantisch hohe Zahl für die möglichen Zustände des präinflationären Vakuumflecks an. In Wirklichkeit ist die Zahl lächerlich niedrig. Denken Sie an die Festplatte Ihres Computers. Die kleinste Maßeinheit der Datenspeicherkapazität einer Festplatte ist das Bit (»Bit« ist ein durch Zusammenziehung von *binary digit* gebildetes Kunstwort). Und so wie jeder einzelne Würfel des 1000-Würfel-Universums sich in zwei möglichen verschiedenen Zuständen befinden kann, kann jedes Bit einen von zwei verschiedenen Zuständen – symbolisiert durch die Binärziffern 0 und 1 – darstellen. Eine Gruppe von n Bit kann demnach 2^n Zustände repräsentieren. Jede einzelne der 2^{1000} Möglichkeiten, wie die Substanz des präinflationären Flecks angeordnet gewesen sein konnte, lässt sich in einer Datenmenge von nicht mehr 1000 Bit abbilden. Mit anderen Worten, der genaue Zustand des frühen Universums beansprucht lediglich ein Kilobit Speicherplatz auf der Festplatte Ihres Computers. Für die Kodierung eines »alphanumerischen« Zeichens wie

»A« oder »5« wird üblicherweise ein Byte – eine Zusammenstellung von 8 Bit – benutzt. Für die genaue Beschreibung eines ganzen Universums benötigt man also weniger als 200 Byte. Stellen Sie sich vor, man drückt Ihnen ein mit 200 Buchstaben beschriebenes Blatt Papier in die Hand. Unglaublich, aber wahr: Das reicht aus, um den Zustand eines ganzen Universums zu beschreiben.

Wen das nicht vom Hocker haut, der nähere sich der Sache von anderer Seite: In Walt Whitmans Gedicht *Gesang von mir selbst* heißt es: »Und ich sage zu jedem Manne und jeder Frau: Lasst eure Seele kühl und gelassen vor einer Million von Universen stehen!« Nun, heute ist es ein Kinderspiel, kühl und gelassen vor einer Million von Universen zu stehen. Sie brauchten sich bloß einen 1-Gigabit-Flash-Speicher zu kaufen, und ob Sie es glauben oder nicht: Auf dem könnten Sie, wenn Sie wollten, die vollständige Information über eine Million von Universen unterbringen und am Schlüsselring mit sich herumtragen.

Der Umstand, dass jeder Einzelne der 2^{1000} möglichen Zustände des präinflationären Vakuums in einer Datenmenge von 1000 Bit abgebildet werden kann, erhellt schlaglichtartig die Definition des Informationsgehalts: Wenn die Zahl möglicher Zustände eines Objekts gleich 2^n ist, hat dieses den Informationsgehalt n Bit.

So viel zum mageren Informationsgehalt des präinflationären Universums – aber wie viel Information enthält das heutige Universum? Das Wichtigste für eine diesbezügliche Berechnung ist zu wissen, wo der größte Teil dieser Information steckt. Selbst wenn wir über ein Superteleskop verfügten, das uns erlaubte, draußen im Universum den genauen Zustand jedes Atoms in jedem Stern in jeder Galaxie zu erfassen, gäbe es immer noch eine überwältigend große Zahl von Möglichkeiten, wie das Universum von unserer Beschreibung abweichen könnte. Das liegt daran, dass der Weltraum vom Urknall her von einer gewaltigen Zahl von Photonen – der Restwärme der primordialen Feuerkugel – durchsetzt ist. Die Photonen aus dem Urknall übertreffen mikroskopische Materieteilchen wie die Elektronen an Zahl ungefähr um den Faktor zehn Milliarden und selbst die Photonen des Sternenlichts um den Faktor 1000. Ihr genauer Zustand ist demnach die größte Unbekannte im Universum.

Die Urknall-Photonen sind ununterscheidbar voneinander, ein Platztausch zwischen ihnen schafft also keine veränderte Konstellation. Allerdings kann sich das einzelne Photon insofern in zwei verschiedenen Zuständen befinden, als es in zweierlei Weise »polarisiert« sein kann. Stellen wir uns das durch den Raum fliegende Photon so vor, dass es auf schraubengewindeförmigem Kurs die Achse seiner Bewegungsrichtung entweder im Uhrzeigersinn oder gegen den Uhrzeigersinn umrundet. Wenn wir uns des Weiteren vorstellen, dass jedes Photon seinen eigenen Raumvakuumwürfel durchmisst, haben wir es mit einer ganz ähnlichen Sachlage zu tun, wie wir sie schon bei dem präinflationären Vakuum hatten, einer Sachlage, bei der nun jeder Vakuumwürfel – statt entweder Energie zu enthalten oder frei von Energie zu sein – entweder ein im Uhrzeigersinn oder ein gegen den Uhrzeigersinn sich »vorwärtsschraubendes« Photon enthält. Das Resultat ist mithin das Gleiche. Die Zahl der möglichen verschiedenen Zustände eines Ensembles von n Urknall-Photonen ist gleich 2^n. Folglich ist die zur Darstellung aller möglichen Zustände sämtlicher im Universum vorhandenen Urknall-Photonen erforderliche Information einfach gleich der Gesamtzahl dieser Photonen: n Bit. Zu jedem gegebenen Zeitpunkt wird jeder Kubikzentimeter des Weltraumvakuums von 300 aus unvordenklicher Zeit stammenden Photonen durchquert – so allgegenwärtig sind diese Relikte des

Urknalls. Das Universum misst 84 Milliarden Lichtjahre im Durchmesser, was bedeutet, dass sein Volumen ungefähr 5×10^{86} Kubikzentimeter beträgt. Folglich ist für seine Abbildung eine Datenmenge von ungefähr 10^{89} Bit erforderlich.

Fazit: Das Universum begann mit einem Informationsgehalt von nur 1000 Bit, der bis heute auf 10^{89} Bit angewachsen ist. Das ist ein Zuwachs von 10^{86}, anders ausgedrückt: von 100 Billionen Billionen Billionen Billionen Billionen Billionen Billionen Bit. Es mag nicht auf den ersten Blick ersichtlich sein, dass dieser horrende Informationszuwachs ein Rätsel ist. Aber er ist eines. Um verstehen zu können, warum er eines ist, müssen wir etwas über die Gesetze der Physik wissen.

Die wohlbekannten Gesetze der Physik wie die Newton'schen Bewegungsgesetze sind Rezepte für 100-prozentig sichere Vorhersagen zukünftigen Geschehens. Wenn wir beispielsweise den Mondstand von heute kennen, können wir mit Hilfe der Newton'schen Bewegungsgesetze und des Newton'schen Gravitationsgesetzes vorhersagen, wo der Mond morgen stehen wird. Da die Kenntnis des Mondstands vom Vortag alles ist, was benötigt wird, um den Stand für den folgenden Tag vorherzusagen, kommt bei der Vorhersage keine neue Information ins Spiel. Der Mondstand von morgen ist im Mondstand von heute *enthalten.* Und Entsprechendes trifft für alle nichtquantenphysikalischen oder »deterministischen« Gesetze der Physik zu. Da ein einzelner Systemzustand in der Gegenwart einen einzelnen Systemzustand in der Zukunft bedingt – determiniert –, wird keine neue Information geschaffen. Deterministische Gesetze sind de facto gleichbedeutend mit Informationserhaltung.

Für das Universum ist das insofern von Bedeutung, als dessen Entwicklung durch Einsteins Gravitationstheorie – die allgemeine Relativitätstheorie – beschrieben wird, die eine deterministische Theorie ist. Mit anderen Worten, auf das

Universum im Ganzen angewandt, beschreibt die allgemeine Relativitätstheorie, wie ein bestimmter Zustand des Universums in einen anderen, späteren Zustand übergeht. Am Informationsgehalt des Universums ändert sich dabei nichts.

Was sagt uns nun die Tatsache, dass das präinflationäre Universum an Information lediglich 1000 Bit enthielt, das heutige hingegen 10^{89} Bit enthält? Anders gesagt: dass es nur 2^{1000} verschiedene Zustände gab, in denen sich der Stoff des Universums bei dessen Anbeginn befinden konnte, während es für den Stoff des heutigen Universums sinnverwirrende $2^{(10^{89})}$ mögliche Zustände gibt? Da eine nichtquantenphysikalische – oder »klassische« – Theorie wie die allgemeine Relativitätstheorie 2^{1000} zu einem bestimmten Zeitpunkt gegebenen Zuständen nur erlaubt, in 2^{1000} zu einem späteren Zeitpunkt gegebene Zustände überzugehen, kann der erwähnte Unterschied im Informationsgehalt nur bedeuten, dass die Komplexität des heutigen Universums nicht bereits am Anbeginn der Zeit determiniert gewesen ist. »Nehmen wir zum Beispiel die Bücher hier in meinem Regal«, sagt Hsu. »Warum steht mein Exemplar von Feynmans *Vorlesungen über Physik* neben der *Kurzen Geschichte der Zeit*? Das Informationsargument besagt, dass der Zustand meines Bücherregals nicht auf einen singulären Zustand im Urknall zurückzuführen ist. Tatsächlich lässt sich fast nichts in unserem Universum auf diese Weise erklären.«

Denken Sie an ein beliebiges Laubblatt, das an einem Baum flattert. Was bringt es zum Flattern? Der Wind natürlich. Aber was bringt den Wind zum Wehen? Die Wärme, die der Sonnenschein in die Erdatmosphäre strahlt. Aber was bringt die Sonne zum Scheinen? Die Wärme, die von Kernreaktionen im tiefsten Inneren der Sonne erzeugt wird ... Man könnte meinen, dass eine solche Kausalkette sich bis zur Geburt des Universums zurückverfolgen lässt. Dass dies jedoch nicht sein kann, sagt uns die Tatsache, dass das Universum heute eine schier unendliche Menge Information mehr enthält als bei seinem Anbeginn. Wenn man die Kausalkette weiter zurückverfolgt, wird man irgendwann auf eine Wirkung stoßen, der keine Ursache vorausgegangen ist. Auf etwas, was ohne jeden Grund geschah. Ein ganz und gar zufälliges Ereignis.

Und das weist den Weg zur Beantwortung der Frage, woher die ganze Information im heutigen Universum stammt. Zufälligkeit ist gleichbedeutend mit Information. Das ist alles andere als offensichtlich. Ja, auf den ersten Blick erscheint es sogar kontraintuitiv. Doch stellen wir uns eine 100-stellige Zahl mit einer willkürlich (= nach dem Zufallsprinzip) gewählten Ziffer an jeder Stelle vor. Die einzige Möglichkeit, jemandem diese Zahl mitzuteilen, ist die, ihm die Ziffernfolge in voller Länge zu übermitteln. Stellen wir dem eine Zahl gegenüber, die aus einer Folge von 100 Dreien besteht. Die kann man andern mitteilen, indem man sich ihr Formschema zunutze macht und einfach »100 Mal die 3 hintereinander« sagt. Aus dem Vergleich ist zu ersehen, dass eine nach dem Zufallsprinzip geformte Zahl eine Menge Information enthält, eine nicht durch den Zufall geformte Zahl dagegen sehr wenig. Ein Großteil von der Letzteren ist redundant.

Welche Prozesse sind es nun, die seit dem Beginn der Inflation Information/Zufälligkeit in das Universum pumpen? Für Hsu gibt es da keinen Zweifel. »Diese Prozesse können nur Quantenprozesse sein«, sagt er. Quantenprozesse sind nichtdeterministisch. Ein singulärer Systemzustand in der Vergangenheit führt nicht zu einem singulären Zustand in der Zukunft. Die Gesetze der Quantenphysik sind keine Rezepte für 100-prozentig sichere Vorhersagen der Zukunft. Es sind Rezepte für Vorhersagen der Unzahl möglicher Zukünfte, von denen jede ihren eigenen Grad von Wahrscheinlichkeit hat. »Alles in der Welt um uns herum geschieht, weil dem Universum seit dem Urknall im Zuge des Quantenwürfelspiels zahllose Injektionen von Zufälligkeit verpasst wurden«, sagt Hsu.

Nach Hsus Überzeugung war es in erster Linie die Inflation selbst, die Zufälligkeit in das Universum pumpte. Niemand weiß, was sie antrieb, auch wenn Physiker oft von einem »Inflatonfeld« sprechen, einem »Stoff« irgendwelcher Art, mit dem das Universum durchsetzt war und das mit seiner abstoßenden Gravitation das Vakuum zu ungeheurer Größe aufblähte. Im Verlauf der Inflation verdoppelte das Universum seine Größe wieder und wieder – mehr als 60 Mal.

Irgendwann ging der Inflation die Puste aus – niemand weiß, warum. Das Inflatonfeld zerfiel, zurück blieb das Vakuum als das normale Vakuum, das wir heute um unseren Planeten herum wahrnehmen. Das wesentliche Charakteristikum dieses Zerfalls bestand in seiner Quantennatur – will sagen, seiner Zufälligkeit. Das heißt, das Inflatonfeld zerfiel zu leicht unterschiedlichen Zeiten an unterschiedlichen Raumstellen und stieß an unterschiedlichen Raumstellen unterschiedliche Energiemengen ab. Da Energie weder neu geschaffen noch vernichtet, sondern lediglich von einer Form in eine andere umgewandelt werden kann, manifestierte sich die Energie des Inflatonfelds in anderen Formen, nämlich als Masseenergie subatomarer Teilchen und deren Bewegungsenergie. Kurzum, der Zerfall des Inflatonfelds schuf die Materie des Universums und heizte diese gleichzeitig auf höllische Temperatur auf. Er brachte den »heißen« Urknall hervor.

Nach dem Standardmodell der Kosmologie beginnt das Universum also mit einem Vakuum. Das Vakuum ist ein ungemein energiereicher Zustand, der sich ungezügelt aufbläht. Je größer das Vakuum wird, desto mehr Vakuumenergie ist vorhanden. Die Inflation ist – in den Worten des Physikers Heinz Pagels – »das reinste Tischleindeckdich«.

Schließlich endet die Inflation, und die Energie alles neu geschaffenen Vakuums heizt das Universum auf und bringt die Feuerkugel des Urknalls hervor. Da die beim Zerfall des Inflatonfelds allerorten im Universum freigesetzten Energiemengen von Ort zu Ort verschieden waren, waren auch die Temperaturen von Ort zu Ort verschieden. »Der Zerfall des Inflatonfelds wirkte gleichsam als Zufallsgenerator und pumpte eine Unmenge Zufälligkeit in das ganze Universum«, sagt Hsu. »Diese Quantenzufälligkeit ist der Grund, warum bei mir Feynmans *Vorlesungen über Physik* neben der *Kurzen Geschichte der Zeit* stehen.«

Das Universum expandierte nach dem Ende der Inflation weiter, das Vakuum wuchs und mit ihm die Vakuumenergie, so dass man glauben könnte, damit sei auch mehr Zufälligkeit in das Universum gelangt. Indes, zwischen dem expandierenden Vakuum von heute und dem inflationären Vakuum besteht der wesentliche Unterschied, dass Ersteres stabil gegen Zerfall geblieben ist. Und nur der Zerfall des Vakuums – seiner Natur nach ein Quantenprozess – entbindet Zufälligkeit in alle Ecken und Enden des Universums.

Hsu glaubt aber nicht, dass der Zerfall des Inflatonfelds der einzige Prozess war, der Zufälligkeit/Information ins Universum pumpte. Er ist vielmehr der Meinung, dass seit dem Ende der Inflation zahllose Quantenereignisse – wie die zufällige Desintegration von Atomkernen oder die zufällige Photonenemission von Atomen – fortgesetzt Information ins Universum hineintrug.

Erinnern wir uns, dass der Spin eines Elektrons entweder linksdrehend (Spin-Up) oder rechtsdrehend (Spin-Down) sein kann. Solange das Elektron nicht von einem Detektor irgendwelcher Art aufgefangen wird, ist sein Spin unbestimmt, weder Spin-Up noch Spin-Down. Es gibt nichts zu beschreiben. Keine Information. Sobald das Elektron jedoch in Kontakt mit dem Detektor kommt – im Fachjargon: mit ihm wechselwirkt –, hat es nachweislich entweder Spin-Up oder Spin-Down. Es gibt in diesem Fall zwei mögliche Zustände, und für deren Beschreibung reicht ein einzelnes Bit aus. Wo zuvor keine Information war, ist jetzt welche. Stellen wir uns zehn drehende Elektronen in einer Reihe vor. Treten sie in Wechselwirkung mit einem Detektor, dreht plötzlich ein Teil links, der andere rechts. Es gibt 2^{10} Möglichkeiten – das sind mehr als 1000 –, wie die Spinrichtungen innerhalb der Gruppe verteilt sein können. Mithin haben diese zehn Elektronen, indem sie ihre Gegenwart bemerkbar machten, eine ganze Menge Information in das Universum gepumpt.

Nun stellen Sie sich doch einmal vor, wie viel mehr Information von den Billionen und Aberbillionen subatomarer Teilchen in das Universum geblasen werden kann, indem sie ihre Anwesenheit melden. »Das ist eine ungeheuer effektive Art und Weise, Information in das Universum zu bringen«, sagt Hsu.

Wie ist diese ganze Zunahme von Information im Universum mit der – nach dem zweiten Hauptsatz der Thermodynamik – gleichzeitig hier stattfindenden unerbittlichen Zunahme der Entropie vereinbar? Nun, Entropie und Information, so zeigt sich, hängen eng miteinander zusammen: Entropie = $e^{(\text{information})}$. Die Physiker des 19. Jahrhunderts erkannten, dass die Entropie zunimmt, weil die Zahl der möglichen ungeordneten Zustände von Atomen und ihresgleichen die Zahl von deren möglichen geordneten Zuständen bei Weitem übertrifft. »Sie wussten nichts davon, aber Tatsache ist, dass diese Zustände Quantenzustände sind wie zum Beispiel der Zustand eines in einem Atom rotierenden Elektrons«, sagt Hsu. »Die Entropie nimmt zu, weil unter den Quantenzuständen, die subatomare Teilchen annehmen können, die ungeordneten die geordneten an Zahl weit übertreffen. Es passt alles zusammen.«

Wie bereits kurz vermerkt, waren Quantenprozesse ihrer Zufallsbedingtheit und Akausalität wegen Einstein äußerst verhasst. Für Hsu hingegen sind sie alles andere als hassenswert. Er hält sie für absolut unentbehrlich. Ihm zufolge verdanken wir unser Dasein hier und heute der quantenphysikalischen Indeterminiertheit. Schauen Sie sich um – betrachten Sie eine Rose, ein Neugeborenes, ein Flugzeug, das einen weißen Kondensstreifen über den blauen Himmel zieht. Wir leben in einer unendlich komplexen Welt. Aber alle Komplexität, die Sie sehen, ist das Resultat einer langen Folge von quantenphysikalischen Münzwürfen, die mit dem Ende der Inflation begonnen hat. Ob es uns gefällt oder nicht – wir leben in einer zufallsbedingten Wirklichkeit.

Khalil Gibran

Das Leben

Das Leben ist älter als alles Lebendige – gleichwie die Schönheit beschwingt war, noch ehe das Schöne auf Erden entstand, und so wie die Wahrheit die Wahrheit war, noch ehe sie Wort wurde. Das Leben singt in unserem Schweigen und träumt in unserem Schlaf. Noch wenn wir niedergeschlagen und zag sind, thront das Leben in der Höhe. Und wenn wir weinen, lächelt das Leben dem Tag, und ist frei, wenn uns Ketten belasten.

Oftmals bedenken wir das Leben mit bitteren Namen – doch nur, wenn wir selbst verbittert und finster sind. Und wir halten's für öde und fruchtlos, aber nur, wenn die Seele in Einöden schweift und das Herz sich über Gebühr an seiner Selbstbefasstheit berauscht.

Tief ist das Leben, und hoch, und fern. Wenn auch nur euer weitester Blick seine Füße erreicht, so ist es doch nah; und vermag auch nur der Hauch eures Hauchs sein Herz zu erreichen, streicht doch eures Schattens Schatten sein Gesicht, und das Echo eures leisesten Rufs wird ein Frühling und Herbst in seiner Brust.

Und das Leben ist verschleiert und verborgen, gleichwie euer größeres Selbst verborgen und verschleiert ist. Doch wenn das Leben spricht, werden die Winde zu Worten; und wenn es abermals spricht, wird jegliches Lächeln auf euren Lippen, werden die Tränen in euren Augen gleichfalls zu Worten. Singt es, werden die Tauben hörend und lauschen gebannt; kommt es des Wegs, sehen es die Blinden und staunen und folgen ihm, sprachlos verwundert.

Der Mensch müht sich ab, das Leben außerhalb seiner zu finden, und ahnt nicht, dass das Leben, das er sucht, in ihm selbst ist.

Das Leben nimmt uns auf und trägt uns von einem Ort zum andern; das Schicksal verrückt uns von einem Punkt zum andern. Und zwischen diesen zweien gefangen, hören wir schreckliche Stimmen und sehen einzig, was uns als Hindernis und Hürde in den Weg tritt.

Die Schönheit offenbart sich uns auf dem Thronsitz der Herrlichkeit; wir aber nahen ihr im Namen der Lust, reißen ihr die Krone der Reinheit vom Haupt und beschmutzen ihr Gewand mit üblem Tun.

Die Liebe zieht, in Demut gewandet, an uns vorüber; wir aber fliehen sie angstvoll oder bergen uns im Dunkel; oder jagen ihr nach, um Böses in ihrem Namen zu verüben.

Selbst der Weiseste von uns beugt sich unter der schweren Bürde der Liebe; doch in Wahrheit ist die Liebe so leicht wie die muntere Brise des Libanons.

Die Freiheit bittet uns an ihren Tisch, dass wir von ihren würzigen Speisen kosten und ihrem glutvollen Wein; doch sitzen wir erst an ihrer Tafel, fressen wir wie Verhungernde und stopfen uns voll.

Die Natur streckt uns freundliche Arme entgegen und heißt uns ihre Schönheit genießen; doch wir fürchten ihr Schweigen und fliehen in die drangvollen Städte und drücken uns dort aneinander wie Schafe angesichts eines grimmigen Wolfs.

Die Wahrheit ruft uns, vom unschuldigen Lachen eines Kindes angelockt oder vom Kuss eines geliebten Menschen; doch wir verschließen die Tür unsres Herzens vor ihr und behandeln sie wie einen Feind.

Das Herz des Menschen schreit um Hilfe; des Menschen

Seele fleht uns um Erlösung an; doch wir schenken ihrem Schreien kein Gehör, denn weder hören noch verstehen wir sie. Wer aber hört und versteht, den nennen wir verrückt und fliehen vor ihm.

So verstreichen die Nächte, und wir leben ohne Bewusstsein; und die Tage begrüßen uns und heißen uns willkommen. Doch wir leben in ständiger Angst vor dem Tag und der Nacht.

Wir klammern uns an die Erde, während die Pforte des Herzens des Herrn weit offen steht. Das Brot des Lebens treten wir mit Füßen, während der Hunger an unsrem Herzen nagt. Wie gut ist das Leben zum Menschen; und doch, wie fern ist dem Leben der Mensch!

Martin Rees

Interstellare Kommunikation

Jeder, der an eine weite kosmische Verbreitung fortgeschrittener Lebensformen glaubt, muss sich der berühmten Frage des großen Physikers Enrico Fermi stellen: »Weshalb sind diese Wesen nicht hier?« Weshalb haben sie die Erde nicht schon längst besucht oder zumindest in eindeutiger Weise auf ihre Existenz aufmerksam gemacht? Weshalb stehen wir ihnen oder ihren Hinterlassenschaften nicht gegenüber? Diese Fragen erscheinen noch dringlicher, wenn wir bedenken, dass viele Sterne Milliarden von Jahren älter sind als die Sonne: Wären in unserem Universum intelligente Lebensformen weit verbreitet, so sollte es auf den Planeten um diese alten Sterne schon wesentlich weiter entwickelt sein.

Selbst wenn wir bisher noch nicht besucht wurden (und natürlich können wir nicht absolut sicher sein, dass dies nicht der Fall war), können wir trotz Fermis Frage nicht daraus schließen, dass es keine Aliens gibt. Es wäre weitaus leichter, ein Radio- oder Lasersignal in den Kosmos zu schicken, als die riesigen Distanzen des interstellaren Raumes selbst zu durchreisen. Wir könnten problemlos Signale aussenden, die von einer Zivilisation mit einer vergleichbaren Technologie wie der unsrigen auf einem Planeten um einen der nächsten Sterne empfangen werden können. Doch selbst die nächsten Sterne sind noch so weit von uns entfernt, dass diese Signale viele Jahre unterwegs wären. (Aliens mit sehr großen Radioantennen könnten schon jetzt die starken Signale antiballistischer Raketenradare empfangen oder auch das Durcheinander sämtlicher Signale von Fernsehsendern. Sollten sie diese dekodieren können, kann man sich den Eindruck dieser Wesen vom »intelligenten« Leben auf der Erde leicht vorstellen.)

Man sollte jedoch erst lauschen, bevor man sendet. Wenn wir ein Signal empfangen, haben wir auch die Zeit, eine angemessene Antwort loszuschicken. Für einen raschen Schlagabtausch besteht ohnehin keine Möglichkeit: Jeder Signalaustausch würde mindestens Jahrzehnte benötigen. Wir können natürlich kodierte Bilder verschicken oder sogar Entwürfe dreidimensionaler Strukturen – entweder von Gegenständen, die wir geschaffen haben, oder von molekularen Bauplänen, beispielsweise von Genomen. Erst in ferner Zukunft könnte es zu einem Dialog kommen. Der Logiker Hans Freudental hat sogar schon eine ganze Sprache zur interstellaren Kommunikation entwickelt, die man LINCOS (Lingua cosmica) nennt. Sie beginnt mit dem beschränkten Vokabular zur Formulierung einfacher mathematischer Aussagen und verfeinert sich nach und nach bis hin zur Möglichkeit einer Unterhaltung.

Die *S*uche nach *e*xtra*t*errestrischer *I*ntelligenz (SETI) mag man als Spiel ansehen, doch selbst wenn die Wahrscheinlichkeit für einen Erfolg sehr klein ist, lohnt es sich in Anbetracht der ungeheuren philosophischen Bedeutung bei einem tatsächlichen Nachweis allemal. Ein gesichertes, künstlich erzeugtes Signal, selbst wenn es so langweilig ist wie eine Liste von Primzahlen oder die Ziffernfolge der Zahl »Pi« in binärer Schreibweise, würde uns die bedeutende Nachricht übermitteln, dass intelligentes Leben (wenn auch nicht notwendigerweise ein mit Bewusstsein ausgestattetes Leben) auch außerhalb unserer Erde existiert und dass unsere Konzepte der Logik und der Physik keine Erfindungen der speziellen Hardware in unseren Köpfen sind.

An der Spitze dieser Suche steht das SETI-Institut in Mountain View, Kalifornien. Seine Arbeit wird hauptsächlich durch großzügige private Spenden finanziert. So kann beispielsweise jeder interessierte Amateur mit einem Heimcomputer eine kurze Folge eines Datenstroms aus einem Radioteleskop herunterladen und analysieren. Gegenwärtig haben rund drei Millionen Menschen dieses Angebot wahrgenommen, und zweifellos wird jeder von ihnen durch die Hoffnung getrieben, der erste zu sein, der E. T. findet. Bei diesem breiten öffentlichen Interesse ist es überraschend, wie wenig öffentliche Gelder SETI für seine Suche erhält, selbst im Vergleich zu den Steuereinnahmen aus einem einzigen Sciencefiction-Film. Wäre ich ein amerikanischer Wissenschaftler und müsste vor dem Kongress die Forderung von einigen Millionen Dollar verteidigen, so würde ich das lieber für SETI tun als für spezielle Wissenschaftsprojekte, einschließlich gewöhnlicher Raumfahrtprojekte.

Doch selbst wenn intelligente Lebensformen in unserem Kosmos weit verbreitet wären, erfahren wir möglicherweise nur von einem sehr kleinen und untypischen Teil dieser Intelligenz. Für manche Denksysteme könnte die Realität eine Form annehmen, die wir uns noch nicht einmal vorstellen können. Manche Wesen sind vielleicht auch nur unkommunikativ; sie leben in den Tiefen irgendeines planetarischen Ozeans und haben gar kein Interesse daran, ihre Gegenwart kundzutun. Es könnte wesentlich mehr Leben im All geben, als wir jemals wahrnehmen können. Nicht vorhandene Beweise sind kein Beweis für das Nichtvorhandensein. Es könnte sich auch herausstellen, dass wir nur solche Formen von Intelligenz entdecken können, deren Technologie wir mit unserer Technologie registrieren können.

Andere, viele Lichtjahre von uns entfernte Sonnen leuchten vielleicht auf fremde bewohnte Planeten, die unserer Erde an Komplexität und Vielschichtigkeit gleichen. Trotzdem hätten diese Planeten alle ihre eigene Evolutionsgeschichte. Nicht einmal die extremsten Anhänger einer konvergenten Evolutionstheorie wollen uns einreden, andere Biosphären in unserer Milchstraße würden unserer Biosphäre bis ins Detail gleichen. Zwei vollkommen gleiche Ökologien zu finden ist unwahrscheinlicher, als dass zwei Affen aus reinem Zufall dasselbe Werk von Shakespeare tippen. Sollten Raum und Zeit im wahrsten Sinne des Wortes unendlich sein, könnte dieser Fall tatsächlich auftreten, aber nicht innerhalb des riesigen, aber endlichen Bereichs, den wir tatsächlich beobachten können. Sämtliche Affen der Welt würden vermutlich nie auch nur ein einziges Sonnet fehlerfrei tippen, selbst wenn sie Milliarden Jahre an der Schreibmaschine säßen. Und jedes Ökosystem besteht aus einer Strukturenvielfalt, welche die Komplexität einer Sprache bei weitem übertrifft.

In einem unendlich großen Universum könnte es tatsächlich alles geben, gleichgültig, wie unwahrscheinlich es auch sein mag. Es würde sogar unendlich oft vorkommen. Es gäbe sogar unendlich viele Kopien unserer Erde, doch diese Kopien befänden sich weit außerhalb unserer Galaxie, mit Sicherheit sogar weit außerhalb unseres Beobachtungshorizonts.

Die Erkenntnis, dass jede Suche nach fremder Intelligenz von vornherein zum Scheitern verurteilt sein könnte, wäre sicherlich enttäuschend. Andererseits würde sie vielleicht das Selbstwertgefühl der Menschen steigern. Sollte unsere winzige Erde der einzige Ort von Intelligenz im Kosmos sein (zumindest innerhalb des mit unseren Teleskopen zugänglichen Bereichs des Kosmos), würden wir ihr eine weitaus größere kosmische Bedeutung zumessen, als wenn schon allein unsere Galaxie an komplexen Lebensformen überquellen würde. Wir würden mit unserem blassen blauen Punkt im Kosmos und der Zukunft der einzigen existierenden intelligenten Lebensform vielleicht etwas sorgsamer umgehen.

Unsere Sonne hat bisher weniger als die Hälfte ihres nuklearen Brennstoffs verbraucht und sie wird noch länger scheinen, als die Zeitspanne von den ersten einfachen Anfängen auf der jungen Erde bis zur Entwicklung unserer Biosphäre. Sie wird sogar um ein Vielfaches länger scheinen als die Zeit, seit der die ersten mehrzelligen Lebensformen aufgetaucht sind. Und die Zukunft des gesamten Kosmos ist sogar noch weitaus länger. Man kann eine Reihe von Argumenten anführen, wonach diese Zukunft unendlich lange anhalten könnte. Selbst wenn die Erde heute noch der einzige Ort mit Leben sein sollte, so bedeutet das nicht, dass unser Universum ein lebensfeindlicher Raum ist: Leben kann sich immer noch ausbreiten, vielleicht sogar irgendwann im gesamten Universum vorherrschen. Das hier auf der Erde entstandene Leben könnte sich über die gesamte Galaxie und sogar noch weiter verbreiten – Zeit gibt es genug. Und selbst in diesem Fall bedeutet das nicht, dass es überall menschenähnliche Wesen geben wird. Schon Darwin schrieb: »Nach der Vergangenheit zu urteilen, können wir mit Sicherheit annehmen, dass nicht eine einzige lebende Art auch in ferner Zukunft noch unverändert existieren wird.« Und gerade heute können wir durch künstliche genetische Manipulationen wesentlich raschere Veränderungen hervorrufen, als es im Rahmen der natürlichen Auslese je möglich war.

Die Verbreitung irdischen Lebens im Weltraum könnte tatsächlich irgendwann stattfinden, falls sich der Mensch nicht selbst diese langfristigen Zukunftsaussichten nimmt. Eine drohende Gefahr für die Erde besteht im Einschlag eines großen Asteroiden, der eine weltweite Zerstörung zur Folge hätte: Ozeanwellen mit einer Höhe von Hunderten von Metern, unvorstellbare Erdbeben sowie Veränderungen im globalen Wetter. Filme wie *Deep Impact* haben die Öffentlichkeit auf solche potentiellen Katastrophen aufmerksam gemacht, auch wenn sie die Tatsache verschwiegen haben, dass die Wahrscheinlichkeit für eine solche Katastrophe innerhalb der Lebenszeit irgendeiner heute existierenden Person kleiner ist als 1 : 10 000. (Das ist allerdings nicht kleiner als die Wahrscheinlichkeit, dass man bei einem Flugzeugabsturz ums Leben kommt. Tatsächlich ist ein solches Ereignis sogar wahrscheinlicher als irgendeine andere natürliche Katastrophe, der die meisten Europäer oder Amerikaner vielleicht ausgesetzt sein könnten. Aus diesem Grund erscheinen auch die Anstrengungen durchaus vernünftig, den Himmel nach potentiell gefährlichen, die Bahn der Erde kreuzenden Asteroiden abzusuchen.)

Eine kaum einschätzbare, für viele jedoch größere und insbesonders zunehmende Gefahr besteht darin, dass wir uns selbst durch eine Katastrophe auslöschen, sei es durch ein experimentelles Missgeschick oder einen terroristischen Akt, beispielsweise mit biotechnologischen Mitteln. Sollte es jedoch irgendwann einmal eigenständige Gesellschaften außerhalb der Erde geben, wäre die Menschheit als Spezies vor einer solchen Katastrophe gefeit. Dieser Gedanke bildet meiner Ansicht nach den überzeugendsten Anreiz, die bemannte Raumfahrt voranzutreiben, selbst wenn die Fortschritte auf dem Gebiet der Robotik und der Miniaturisierung eher dagegen sprechen. Die Schaffung von Wohnraum für den Menschen im All wird noch vor dem Ende des einundzwanzigsten Jahrhunderts in den Bereich des Möglichen rücken. Sie wäre eine Versicherung gegen die Gefahr eines möglichen Aussterbens unserer Spezies.

René Descartes

Maschinen werden nie wirklich sprechen können

Wenn es Menschen mit den Organen und der Gestalt eines Affen oder eines anderen vernunftlosen Tieres gäbe, so hätten wir gar kein Mittel, das uns nur den geringsten Unterschied erkennen ließe zwischen dem Mechanismus dieser Maschinen und dem Lebensprinzip dieser Tiere; gäbe es dagegen Maschinen, die unseren Leibern ähnelten und unsere Handlungen insoweit nachahmten, wie dies für Maschinen wahrscheinlich möglich ist, so hätten wir immer zwei ganz sichere Mittel zu der Erkenntnis, daß sie deswegen keineswegs wahre Menschen sind. Erstens könnten sie nämlich niemals Worte oder andere Zeichen dadurch gebrauchen, daß sie sie zusammenstellen, wie wir es tun, um anderen unsere Gedanken bekanntzumachen. Denn man kann sich zwar vorstellen, daß eine Maschine so konstruiert ist, daß sie Worte und manche Worte sogar bei Gelegenheit körperlicher Einwirkungen hervorbringt, die gewisse Veränderungen in ihren Organen hervorrufen, wie zum Beispiel, daß sie, berührt man sie an irgendeiner Stelle, gerade nach dem fragt, was man ihr antworten will, daß sie, berührt man sie an einer anderen Stelle, schreit, man täte ihr weh und ähnliches; aber man kann sich nicht vorstellen, daß sie die Worte auf verschiedene Weisen zusammenordnet, um auf die Bedeutung alles dessen, was in ihrer Gegenwart laut werden mag, zu antworten, wie es der stumpfsinnigste Mensch kann. Das zweite Mittel ist dies: Sollten diese Maschinen auch manches ebensogut oder vielleicht besser verrichten als irgendeiner von uns, so würden sie doch zweifellos bei vielem anderen versagen, wodurch offen zutage tritt, daß sie nicht aus Einsicht handeln, sondern nur zufolge der Einrichtung ihrer Organe. Denn die Vernunft ist ein Universalinstrument, das bei allen Gelegenheiten zu Diensten steht, während diese Organe für jede besondere Handlung einer besonderen Einrichtung bedürfen; was es unwahrscheinlich macht, daß es in einer einzigen Maschine genügend verschiedene Organe gibt, die sie in allen Lebensfällen so handeln ließen, wie uns unsere Vernunft handeln läßt.

Diese zwei Mittel kennzeichnen nun auch den Unterschied zwischen Mensch und Tier; denn es ist ganz auffällig, daß es keinen so stumpfsinnigen und dummen Menschen gibt, nicht einmal einen Verrückten ausgenommen, der nicht fähig wäre, verschiedene Worte zusammenzuordnen und daraus eine Rede aufzubauen, mit der er seine Gedanken verständlich macht; und daß es im Gegenteil kein anderes Tier gibt, so vollkommen und glücklich veranlagt es sein mag, das ähnliches leistet. Dies liegt nicht daran, daß den Tieren Organe dazu fehlten; denn man kann beobachten, daß Spechte und Papageien ebenso wie wir Worte hervorbringen können und daß sie dennoch nicht reden, d. h. zu erkennen geben können, daß sie denken, was sie sagen, wie wir. Von Geburt taubstumme Menschen dagegen müssen die Organe, die andere zum Reden gebrauchen, ebenso oder mehr noch entbehren als die Tiere und erfinden doch für gewöhnlich selbst Zeichen, mit denen sie sich Leuten ihrer gewohnten Umgebung, die Zeit haben, ihre Sprache zu lernen, verständlich machen. Dies zeigt nicht bloß, daß Tiere weniger Verstand haben als Menschen, sondern vielmehr, daß sie gar keinen haben. Denn es ist offenkundig, daß man nur sehr wenig Verstand braucht, um reden zu können, und weil man ja bemerkt, daß die Tiere derselben Art ebensosehr verschieden sind wie die Menschen und daß einige sich leichter dressieren lassen als andere, so ist es kaum glaublich, daß ein Affe oder ein Papagei, der in seiner Art der vollkommenste sein mag, nicht wenigstens darin einem der dümmsten Kinder oder mindestens einem Kinde, das nicht ganz bei Sinnen ist, gleichen würde, wenn seine Seele nicht von ganz anderer Grundbeschaffenheit wäre als die unsere. Auch darf man die Worte nicht mit den natürlichen Lebensäußerungen verwechseln, die innere Erregungen zu erkennen geben und die von Maschinen ebensogut nachgeahmt werden können wie von Tieren, oder denken, wie einige der Alten, daß die Tiere zwar reden, wir aber ihre Sprache nicht verstehen; denn wenn das wahr wäre, so hätten sie sich, zumal ja viele ihrer Organe den unseren entsprechen, uns ebensogut verständlich machen können wie ihresgleichen. Es ist auch sehr bemerkenswert, daß zwar viele Tiere in manchen ihrer Handlungen mehr Geschicklichkeit zeigen als wir, daß man aber trotzdem dieselben Tiere in vielen anderen Fällen überhaupt keine zeigen sieht. Der Tatbestand also, daß sie es besser machen als wir, beweist nicht, daß sie Geist haben; denn wenn man es so nimmt, dann hätten sie mehr als irgendeiner von uns und würden es in jeder Beziehung besser machen. Aber sie haben im Gegenteil gar keinen, und es ist die Natur, die in ihnen je nach der Einrichtung ihrer Organe wirkt, ebenso wie offensichtlich eine Uhr, die nur aus Rädern und Federn gebaut ist, genauer die Stunden zählen und die Zeit messen kann als wir mit all unserer Klugheit.

Jonathan Barnes
Gespräch mit Aristoteles über die Seele

Die Einheiten, die Aristoteles in seiner Ersten Philosophie abhandelt, kommen in allen Größen und Formen vor; dennoch sind die zugrunde liegenden Dinge – die Substanzen – immer stofflich: Körper, Tiere, Pflanzen oder Mineralien. In den himmlischen Sphären bestehen Substanzen aus einem besonders feinen Stoff: aus Äther; unterhalb des Mondes setzen sie sich aus Erde, Wasser, Feuer und Luft zusammen. Einige dieser Körper sind belebt, andere sind es nicht – einige haben eine Seele, andere nicht.

Zu den Gegenständen, die in Ihren Katalog aufgenommen werden, zählen, wenn ich Sie recht verstehe, sowohl immaterielle als auch materielle Dinge, nicht wahr?

Ganz richtig. Denken Sie an Schatten – das sind keine materiellen Gegenstände, sie sind ja völlig gewichtlos.

Also finden wir dort auch Seelen?

Aber sicher. Wir sind uns doch alle einig, dass alle Lebewesen – Pflanzen wie Tiere – Seelen haben.

Alle?

Na ja, nun, wenn Sie nur dem barbarischen Denken und Sprachgebrauch folgen wollen ... Ihr Problem. Im Griechischen leiten wir ein ganz übliches Wort für »lebendig«

von unserem Wort für »Seele« ab; insofern erscheint es uns ebenso offensichtlich, dass alles, was lebt, eine Seele hat, wie es offensichtlich ist, dass alles, was atmet, einen Atem hat. Andere Sprachen mögen da bedauerlicherweise nicht so deutlich wie das Griechische sein. In jedem Fall sind Lebewesen beseelt, und alles, was beseelt ist, besitzt eine Seele: *ergo* (wie wir Logiker sagen) besitzen alle Lebewesen eine Seele. Das ist sogar ziemlich trivial – genauso wie Ehemänner logischerweise eine Ehefrau besitzen. Weniger trivial ist allerdings die Antwort auf die nächste Frage: Was genau sind denn diese Seelen, die Lebewesen haben?

Und hier lagen all meine Vorgänger falsch: Manche meinten, dass die Seele einer Ziege so eine Art Minifeuer irgendwo im Körper der Ziege sei, andere dachten, dass die Seele das Blut sei, das die Pumpe des kleinen Ziegenherzens antreibt, und so weiter und so fort. Sie können sich denken, was da alles vermutet wurde. Platon war übrigens kein bisschen näher an der Wahrheit: Er dachte, die Seele sei eine geisterhafte, unkörperliche Substanz, die für eine Zeit im Körper einer Ziege weilt. Diese Antworten sind nicht nur einfach falsch, sondern sie sind die falsche Art von Antwort, wenn wir fragen: »Was ist eine Seele?«

Und was ist die richtige Art von Antwort darauf?

Das will ich Ihnen erklären: Eine Seele ist das, was den Unterschied zwischen einem lebendigen und einem leblosen Ding ausmacht. Nun gut, worin aber besteht denn der Unterschied? Er besteht in der Tatsache, dass Lebewesen gewisse Dinge können, leblose Wesen hingegen nicht. Lebewesen verfügen über bestimmte Fähigkeiten oder Vermögen, derer die leblosen ermangeln. Nennen wir sie »vitale Vermögen«. Auf der untersten Ebene – auf der Ebene der Pflanzen – sind diese vitalen Vermögen die des Stoffwechsels, des Wachstums und der Fortpflanzung. Olivenbäume ernähren sich gewissermaßen, sie wachsen, pflanzen sich fort und sterben, ein Opal tut all dies nicht. Als Nächstes haben wir die Wahrnehmungsvermögen, beziehungsweise die fünf Sinne: Sehen, Hören, Schmecken, Riechen und Tasten. Ein Storch kann Dinge sehen – eine Olive nicht. Dann gibt es noch das Bewegungsvermögen, und schließlich gelangen wir zu einem Vermögen – oder eher zu einem Bündel an Vermögen –, das allein für den Menschen vorgesehen ist: das Vermögen zu denken, in all seinen Ausprägungen. Ein beseeltes Wesen ist dann schlicht ein Ding, welches mit all diesen – oder doch einigen – Vermögen ausgestattet ist; und eine Seele ist kein Häufchen von irgendeinem Zeug, nicht einmal ein Häufchen nichts – sondern eine ganze Reihe von Vermögen.

Dann sind Seelen die immateriellen Teile von Pflanzen und Tieren?

Ja, sie sind schon immateriell – Sie können kein Vermögen als Türstopper verwenden –, aber sie sind keine Teile. Erst Ziegenkörper und Ziegenseele zusammen ergeben – wie schon gesagt – die Ziege. Dabei setzt sich eine Ziege nicht so zusammen, wie eine Hand aus vier Fingern und einem Daumen besteht. Eine Säge ist ein gezacktes Stück Metall, das durch Holz zu sägen vermag. Hier haben Sie ein Ding, bestehend aus dem Metall und dem Vermögen – aber Sie würden wohl nicht sagen wollen, dass dieses Vermögen Teil der Säge sei. Und genauso verhält es sich mit Seelen und Körpern.

Diese vitalen Vermögen sind wirklich faszinierend und ich habe viele Jahre über sie nachgedacht. Fortbewegung beispielsweise: Ich habe mal nachgewiesen, dass alle Tiere eine gerade Zahl an Beinen haben müssen. Zur Fortbewegung gehört aber mehr als nur das Vorhandensein von Beinen. Was geschieht denn, wenn die Ente zum Brot schwimmt? Erstens muss die Ente das Brot sehen oder irgendwie wahrnehmen, andernfalls würde sie nicht darauf zuschwimmen. Zweitens muss sie eine Art von Verlangen nach dem Brot haben, sonst würde sie ihre Schwimmfüße nicht in Bewegung setzen. Und drittens müssen Wahrnehmung und Verlangen natürlich zusammenarbeiten. Kurz gefasst lautet die Formel: Wahrnehmung plus Verlangen ergibt Handeln. Genauso ist das bei uns Menschen – bis auf die Tatsache, dass bei Menschen und einigen wenigen anderen Tieren das Denken und die Vorstellungskraft an die Stelle der Wahrnehmung treten können. Sie müssen nicht erst ein Stück Brot sehen, um sich auf den Weg zur Bäckerei zu begeben.

Dann haben Sie also versucht, so wie die Fortbewegung alle anderen vitalen Vermögen zu erklären?

Genau – und dabei bin ich auch auf ein paar interessante Nebenschauplätze gestoßen, Träume zum Beispiel oder die Erinnerung. Wobei ich bezweifle, dass das, was ich über das Denken gesagt habe, viele Leute überzeugen wird. Um ehrlich zu sein, überzeugt mich das selbst kaum. In Bezug auf die Wahrnehmung liege ich aber mehr oder weniger richtig. Es ist ganz offensichtlich, dass eine kausale Beziehung zwischen der wahrnehmenden Person und dem wahrgenommenen Ding besteht. Wenn ein Lagerfeuer Ihr Gesicht wärmt, wirkt das Lagerfeuer, oder ein Teil von ihm, kausal auf Ihr Gesicht oder auf einen Aspekt Ihres Gesichtes ein. Ähnlich ist es, wenn Ihre Hand eine Brennnessel berührt.

Oder aber wenn Sie eine Ente sehen: Die Ente – oder ein Aspekt der Ente, zum Beispiel ihre Farbe und Form – wirkt auf Sie oder auf einen Teil von Ihnen, Ihre Augen beispielsweise, ein.

Das ist für Sie vielleicht wieder alles sonnenklar – für Platon war es das nicht. Man erkennt Sachverhalte, die einem vollkommen einleuchten, nachdem man sie einmal begriffen hat, zunächst oft nicht.

Heinrich Heine

Ganz entsetzlich ungesund

Ganz entsetzlich ungesund
Ist die Erde, und zugrund,
Ja, zugrund muß alles gehn,
Was hienieden groß und schön.

Sind es alten Wahns Phantasmen,
Die dem Boden als Miasmen
Stumm entsteigen und die Lüfte
Schwängern mit dem argen Gifte?

Holde Frauenblumen, welche
Kaum erschlossen ihre Kelche
Den geliebten Sonnenküssen,
Hat der Tod schon fortgerissen.

Helden, trabend hoch zu Roß,
Trifft unsichtbar das Geschoß;
Und die Kröten sich beeifern,
Ihren Lorbeer zu begeifern.

Was noch gestern stolz gelodert,
Das ist heute schon vermodert;
Seine Leier mit Verdruß
Bricht entzwei der Genius.

O wie klug sind doch die Sterne!
Halten sich in sichrer Ferne

Von dem bösen Erdenrund,
Das so tödlich ungesund.

Kluge Sterne wollen nicht
Leben, Ruhe, Himmelslicht
Hier einbüßen, hier auf Erden,
Und mit uns elendig werden –

Wollen nicht mit uns versinken
In den Twieten, welche stinken,
In dem Mist, wo Würmer kriechen,
Welche auch nicht lieblich riechen –

Wollen immer ferne bleiben
Vom fatalen Erdentreiben,
Von dem Klüngel und Geruddel,
Von dem Erdenkuddelmuddel.

Mitleidsvoll aus ihrer Höhe
Schaun sie oft auf unser Wehe;
Eine goldne Träne fällt
Dann herab auf diese Welt.

Erich Fromm

Wer ist der Mensch?

Die Formulierung der Frage, wer der Mensch wirklich ist, führt unmittelbar zum Kern des Problems. Wenn der Mensch ein Ding wäre, könnte man fragen, was er sei, und ihn definieren, wie man einen Gegenstand in der Natur oder ein industrielles Erzeugnis definiert. Der Mensch ist aber kein Ding und kann auch nicht wie ein Ding definiert werden. Die Frage lautet also richtig: Wer ist der Mensch?

Allerdings wird der Mensch sehr häufig als Ding gesehen. Man sagt von ihm, er sei Arbeiter, Fabrikdirektor, Arzt usw., doch damit wird lediglich seine gesellschaftliche Funktion bezeichnet, und der Mensch wird nach seiner Tätigkeit in seine gesellschaftliche Stellung eingeordnet.

Der Mensch ist kein Ding, sondern ein Lebewesen, das in einem fortdauernden Entwicklungsprozeß begriffen ist. An jedem Punkt seines Lebens ist er noch nicht das, was er sein kann und was er möglicherweise werden wird.

Der Mensch kann zwar nicht wie ein Tisch oder wie eine Uhr definiert werden; er ist aber auch nicht ganz undefinierbar. Man kann mehr über ihn aussagen, als daß er kein Ding sei, sondern ein lebendiger Organismus. Der wichtigste Aspekt einer Definition des Menschen liegt darin, daß der Mensch mit seinem Denken über die Befriedigung seiner Bedürfnisse hinausreichen kann. Das Denken ist für ihn nicht – wie für das Tier – nur ein Mittel, um gewünschte Güter zu erlangen, sondern es ist auch ein Mittel, um die Wirklichkeit des eigenen Daseins und der Umwelt zu entdecken, unabhängig von Vorlieben oder Abneigungen. Mit anderen Worten: Der Mensch besitzt nicht nur Intelligenz wie das Tier, sondern er ist mit Vernunft *(reason)* begabt, und die Funktion der Vernunft ist es, die Wahrheit zu erkennen. Wenn sich der Mensch von seiner Vernunft leiten läßt, handelt er sowohl als körperliches wie auch als geistiges Wesen zu seinem eigenen Besten.

Die Erfahrung beweist jedoch, daß viele Menschen, von Habgier und Eitelkeit verblendet, in ihrem Privatleben nicht vernunftgemäß handeln. Was schlimmer ist: Nationen handeln noch weniger vernunftorientiert, weil die Demagogen den Bürger nur zu leicht vergessen lassen, daß er ihrem Rat folgt. Viele Nationen sind untergegangen, weil sie unfähig waren, sich von den irrationalen Leidenschaften zu befreien, die ihre Handlungsweise bestimmten, und weil sie es nicht fertigbrachten, sich von der Vernunft leiten zu lassen. Hier lag die wichtige Funktion der Propheten des Alten Testaments. Sie sagten nicht die Zukunft voraus, wie man es von Propheten gemeinhin annimmt, sondern sie verkündeten die Wahrheit und wiesen damit indirekt auf die zukünftigen Folgen der gegenwärtigen Handlungsweise des Volkes hin.

Da der Mensch kein Ding ist, das man gewissermaßen von außen beschreiben könnte, kann man ihn nur aus der eigenen Erfahrung des Menschseins heraus definieren. Die Frage: »Wer ist der Mensch?« führt somit zu der Frage: »Wer bin ich?« Wenn wir nicht in den Irrtum verfallen wollen, den Menschen als Ding zu behandeln, kann die Antwort auf die Frage: »Wer bin ich?« nicht anders lauten als: »Ein Mensch«.

Die meisten Menschen haben freilich diese Identität nicht erlebt. Sie machen sich alle möglichen illusorischen Bilder von sich selbst, von ihren Eigenschaften und ihrer Identität. Gelegentlich antworten sie auch: »Ich bin Lehrer«, »ich bin Arbeiter«, »ich bin Arzt«; aber diese Auskunft über die Tätigkeit eines Menschen sagt uns nichts über ihn selbst und birgt keine Antwort auf die Frage: »Wer ist er?«, »Wer bin ich?«

Hier erhebt sich eine weitere Schwierigkeit. Jeder geht gesellschaftlich, moralisch, psychologisch usw. in eine bestimmte Richtung. Wann und wie kann ich wissen, ob die Richtung, die der andere eingeschlagen hat, seine endgültige Marschrichtung ist oder ob er diese Richtung unter dem Einfluß bestimmter einschneidender Erfahrungen ändern kann und wird? Dies entspricht der Frage, an welchem Punkt der Mensch so festgelegt ist, daß man zu Recht behaupten kann, er sei der, der er ist, und werde niemals anders sein. Statistisch gesehen wäre es vielleicht möglich, dies von vielen Menschen zu sagen; aber kann man es von jedem sagen bis zum Tage seines Todes, und kann man es selbst dann sagen, wenn man bedenkt, daß er hätte anders werden können, wenn er länger gelebt hätte?

Der Mensch läßt sich auch noch auf andere Weise definieren. Man kann auch sagen, der Mensch wird von zwei Arten der Leidenschaften und Triebe bestimmt. Die eine Art hat biologische Ursprünge und ist bei allen Menschen im wesentlichen gleich. Sie umfaßt den Willen zu überleben, und darunter fällt das Bedürfnis, Hunger und Durst zu stillen, das Bedürfnis nach Schutz, nach irgendeiner Form der Sozialstruktur und – in weit weniger zwingendem Maß – nach Sex. Die Leidenschaften der anderen Art sind nicht biologisch verwurzelt und nicht für alle Menschen dieselben. Sie entstehen aus verschiedenartigen Sozialstrukturen. Solche Leidenschaften sind Liebe, Freude, Solidarität, Neid, Haß, Eifersucht, Konkurrenzdenken, Habgier usw. Beim Haß müssen wir zwischen reaktivem und endogenem Haß unterscheiden. Die Begriffe werden hier wie bei endogener Depression im Gegensatz zu reaktiver Depression gebraucht. Reaktiver Haß ist die Reaktion auf einen Angriff oder eine

Bedrohung des Menschen selbst oder seiner Gruppe und fällt meist in sich zusammen, wenn die Gefahr vorüber ist. Endogener Haß ist ein Charakterzug. Ein von solchem Haß erfüllter Mensch sucht eher nach Handlungsmöglichkeiten, bei denen er den Haß ausleben kann, als nach einer Motivation durch Handlungen, die diesen Haß entstehen lassen.

Im Gegensatz zu biologisch begründeten Leidenschaften sind die genannten gesellschaftlich verwurzelten Leidenschaften ein Produkt besonderer Sozialstrukturen. In einer Gesellschaft, in der eine ausbeuterische Minderheit über eine wehrlose, arme Mehrheit herrscht, sind beide Seiten von Haß geprägt. Daß es die Ausgebeuteten sind, bedarf keiner Erläuterung. Die herrschende Minderheit dagegen haßt aus Furcht vor der Rache der Unterdrückten, aber auch, weil sie die Massen hassen muß, um ihr eigenes Schuldgefühl zu ersticken und die Richtigkeit ihres ausbeuterischen Verhaltens zu beweisen. Haß kann nicht verschwinden, solange Gerechtigkeit und Gleichheit nicht aufgerichtet sind, ebenso wie die Wahrheit nicht aufgerichtet werden kann, solange man lügen muß, um die Verletzungen der Prinzipien von Gleichheit und Gerechtigkeit zu rechtfertigen.

Manche Menschen behaupten zwar, Prinzipien wie Gleichheit und Gerechtigkeit seien Ideologien, die sich im Lauf der Geschichte entwickelt hätten und nicht zur natürlichen Grundausstattung des Menschen gehörten. Diese Ansicht kann hier nicht im einzelnen widerlegt werden, doch eines sei hervorgehoben: Daß die Menschen im tiefsten Inneren mit einem Gefühl für Gleichheit und Gerechtigkeit begabt sind, geht daraus hervor, daß sie empfindlich sind, wenn eine feindliche Gruppe die Prinzipien von Gleichheit und Gerechtigkeit verletzt. Die Empfindlichkeit des menschlichen Gewissens zeigt sich nirgends deutlicher als in der Reaktion der meisten Menschen auf noch so geringe Verstöße gegen Gerechtigkeit und Gleichheit, immer vorausgesetzt, daß sie nicht selbst solcher Verstöße beschuldigt werden. So findet das Gewissen in den Anklagen einer nationalen Gruppe gegen ihren Feind eine kraftvolle Stimme. Wenn die Menschen kein natürliches Moralempfinden besäßen – warum würden sie dann wohl zu heftigen Leidenschaften aufgestachelt, sobald man ihnen zu Recht oder zu Unrecht von Greueln berichtet, die der Feind angeblich verübt hat?

Eine weitere Definition des Menschen besagt, er sei jenes Lebewesen, bei dem das Handeln kaum mehr dem Instinkt unterliege. Sicher finden sich Reste instinktiver Motivationen beim Menschen, beispielsweise Hunger und Geschlechtlichkeit. Aber nur dann, wenn das Überleben des einzelnen und der Gesamtheit gefährdet ist, läßt sich der Mensch in hohem Maß von Instinkten leiten. Die meisten Leidenschaften, die den Menschen motivieren, etwa Ehrgeiz, Neid, Eifersucht, Rachsucht, entspringen und nähren sich aus gewissen gesellschaftlichen Konstellationen. Die Stärke dieser Leidenschaften läßt sich daran abschätzen, daß sie sogar intensiver sein können als der Überlebensinstinkt. Die Menschen sind bereit, ihr Leben für ihren Haß und Ehrgeiz, aber auch für ihre Liebe und Loyalität hinzugeben.

Die schrecklichste aller menschlichen Leidenschaften, der Trieb, einen anderen Menschen aufgrund der eigenen Machtüberlegenheit für selbstsüchtige Zwecke zu benutzen, ist kaum etwas anderes als eine verfeinerte Form des Kannibalismus. Die neolithischen Gesellschaften, in denen es nicht möglich war, einen anderen für eigene Zwecke auszubeuten, kannten diese Leidenschaft nicht. Für fast alle heute lebenden Menschen ist es ein sehr seltsamer und beinahe unfaßbarer Gedanke, daß es eine historische Zeitspanne gab, in der der Mensch nicht ausbeutungslüstern war und nicht ausgebeutet wurde. Und doch war es so! In den frühen Kulturen der Ackerbauern und Jäger hatten alle genug zum Leben, und es wäre sinnlos gewesen, Dinge anzuhäufen, denn Privatbesitz hätte nicht als Kapital investiert werden und Macht verleihen können. Diese Tatsachen spiegeln sich legendenhaft im Alten Testament. In der Wüste wurden die Kinder Israel mit Manna gespeist. Es gab genug davon, und jeder durfte so viel essen, wie er mochte, aber das Manna konnte nicht gehortet werden. Was nicht am gleichen Tag verzehrt wurde, verdarb und verschwand. Eine Spekulation auf künftige Mannalieferungen wäre völlig sinnlos gewesen. Güter wie Getreide oder Geräte verschwinden jedoch nicht wie Manna, sie können gehortet werden und verleihen schließlich denjenigen Macht, die am meisten davon besitzen. Erst als der Überschuß ein gewisses Maß überstieg, wurde es sinnvoll, Macht über andere Menschen auszuüben, um sie zu zwingen, der machthabenden Klasse Arbeit zu leisten und sich mit einem Subsistenzminimum als ihrem Anteil zu begnügen.

Nach dem Sieg der patriarchalischen Ordnung waren Sklaven, Arbeiter und Frauen die hauptsächlichen Ausbeutungsobjekte. Erst wenn der Mensch für seinen stärkeren Mitmenschen kein Konsumartikel mehr ist, kann die kannibalische Vorgeschichte enden und die wahrhaft menschliche Geschichte beginnen.

Dieser Wandel erfordert, daß wir uns voll bewußt werden, wie verbrecherisch unsere kannibalischen Sitten und Gebräuche sind, und dieses volle Bewußtsein bleibt wirkungslos, wenn es nicht mit umfassender Reue einhergeht. Reue ist mehr als Bedauern. Reue ist ein starker Affekt: Der reuige Mensch empfindet Ekel vor sich selbst und vor seinen Taten. Echte Reue und die damit verbundene Scham ist die einzige menschliche Erfahrung, die zu verhindern vermag, daß dasselbe Verbrechen immer wieder begangen wird. Wenn sie fehlt, entsteht der Eindruck, das Verbrechen sei nie verübt worden. Aber wo finden wir echte Reue? Bereuten die Israeliten den Völkermord an den kanaanitischen Stämmen? Bereuten die Amerikaner die fast vollständige Ausrottung der Indianer? Seit Jahrtausenden lebt der Mensch in einem System, in dem der Sieger nicht zu bereuen braucht, weil Macht mit Recht gleichbedeutend ist.

Die Verbrechen, die wir selbst, unsere Zeitgenossen und unsere Vorfahren begangen haben, sei es tatsächlich oder durch unser Stillschweigen, sollten jedermann deutlich ins Bewußtsein rücken. Sie müssen in offener und – ich möchte fast sagen: ritualistischer – Sprache eingestanden werden. Die römisch-katholische Kirche bietet die Möglichkeit für das Sündenbekenntnis des einzelnen und gibt damit der Stimme des Gewissens Raum. Aber die Einzelbeichte genügt nicht, weil sie jene Verbrechen nicht berührt, die von einer Gruppe, Klasse oder Nation begangen werden und insbesondere vom souveränen Staat, der den Forderungen des Gewissens nicht unterliegt. Wenn wir uns nicht zu »nationalen Schuldbekenntnissen« entschließen, werden die Menschen weiterhin im Althergebrachten beharren und ein scharfes Empfinden für die Verbrechen der Feinde haben, aber blind sein für die Verbrechen des eigenen Volks. Wie kann der einzelne ernstlich anfangen, die Gebote des Gewissens zu befolgen, wenn die Nationen, die sich doch zu Vertretern der Moral aufwerfen, ohne Achtung vor dem Gewissen handeln? Dies kann nur dazu führen, daß die Stimme des Gewissens in jedem einzelnen Staatsbürger zum Schweigen gebracht wird, denn das Gewissen ist so unteilbar wie die Wahrheit.

Wenn der menschliche Verstand richtig arbeiten soll, darf er nicht von irrationalen Leidenschaften beherrscht sein. Intelligenz bleibt Intelligenz, auch wenn sie für böse Zwecke eingesetzt wird. Vernunft dagegen, das Wissen um die Realität, wie sie ist, und nicht, wie wir sie sehen möchten, damit sie für unsere Zwecke nützlicher ist – diese Vernunft wirkt nur in dem Maß, in dem irrationale Leidenschaften überwunden werden, das heißt in dem Maß, in dem der Mensch wahrhaft menschlich geworden ist und seine Handlungen nicht mehr von irrationalen Leidenschaften als Haupttriebkräften bestimmt werden.

Hier stoßen wir auf die wichtige Frage nach den Leidenschaften, die für das Überleben der Menschheit notwendig sind. Aggression und Destruktivität können zwar dazu dienen, daß eine Gruppe eine andere vernichtet und selbst überlebt, aber es ist etwas anderes, wenn wir die ganze Menschheit ins Auge fassen. Würde sich Aggression allgemein verbreiten, so würde sie nicht nur zum Untergang der einen oder anderen Gruppe, sondern schließlich zum Erlöschen des Menschengeschlechtes führen. Früher war dieser Gedanke Gegenstand realitätsfremder, bloßer Spekulation. Heute ist das Überleben der Menschheit als solcher in Frage gestellt, da der Mensch die Mittel zur Selbstvernichtung besitzt und tatsächlich mit dem Gedanken an diese Tat spielt, weil die Liebe zum Leben auf einen Tiefstand abgesunken ist. Heute kann man sagen, daß das Prinzip vom Überleben des Stärkeren – das ungezügelte Geltungsbedürfnis souveräner Staaten – zur Ausrottung aller führen kann.

Im 19. Jahrhundert sagte Emerson: »Die Dinge sitzen im Sattel und reiten den Menschen.« Heute kann man sagen: »Die Dinge sind die Idole des Menschen, und ihre Anbetung kann den Menschen vernichten.«

Schon oft wurde behauptet, der Mensch sei grenzenlos formbar, und auf den ersten Blick scheint dies zuzutreffen. Eine Übersicht über das menschliche Verhalten durch die Zeiten zeigt uns, daß es vom Erhabensten bis zum Gemeinsten praktisch nichts gibt, das der Mensch nicht tun könnte und nicht getan hätte. Aber die Aussage über die Formbarkeit des Menschen bedarf einer Einschränkung. Jede Verhaltensweise, die nicht der Entwicklung und Vervollkommnung des Menschen dient, fordert ihren Preis. Der Ausbeuter fürchtet sich vor dem Ausgebeuteten; der Mörder fürchtet die Isolierung als Folge seiner Tat, selbst wenn es nicht die Isolierung im Gefängnis ist; der Zerstörer fürchtet sein Gewissen; der freudlose Konsument befürchtet, nur zu existieren und nicht zu leben.

In dem Satz, der Mensch sei grenzenlos formbar, liegt beschlossen, daß er physiologisch lebendig, aber menschlich verkrüppelt sein kann, und ein solcher Mensch ist unglücklich, er entbehrt die Freude, er ist von Groll erfüllt und wird dadurch destruktiv. Erst wenn er aus dieser Verstrikkung befreit wird, erschließt sich ihm wieder die Möglichkeit der Freude. Von genetisch bedingten, pathologischen Zuständen abgesehen, wird der Mensch seelisch gesund geboren. Er wird erst von denen verbogen, die nach vollständiger Herrschaft streben, die das Leben hassen und das Lachen der Freude nicht ausstehen können. Haben sie dann das Kind zum Krüppel gemacht, so haben sie einen guten Vorwand für ihre feindselige Einstellung, die nicht als Ursache, sondern als Folge des Fehlverhaltens des Kindes erklärt wird.

Warum sollte jemand einen anderen zum Krüppel machen wollen? Die Antwort auf diese Frage ist in dem zu suchen, was über den heute noch vorhandenen Kannibalismus gesagt wurde. Ein verbogener Mensch läßt sich leichter ausnutzen als ein starker Mensch. Der Starke kann zurückschlagen, der Geschwächte nicht; er ist der Böswilligkeit des Mächtigen hilflos ausgeliefert. Je mehr eine herrschende Gruppe die Beherrschten knebelt, um so einfacher ist es, sie auszubeuten, das heißt, sie wie Nahrung für die eigenen Zwecke auszunutzen.

Da der Mensch mit Vernunft begabt ist, kann er seine Erfahrung kritisch analysieren und erkennen, was seiner Entwicklung dient und was sie behindert. Er erstrebt eine möglichst harmonische Entfaltung all seiner geistigen und körperlichen Kräfte mit dem Ziel, einen Zustand des Wohl-Seins zu erreichen. Das Gegenteil von Wohl-Sein ist Niedergeschlagenheit oder Depression, wie Spinoza dargelegt hat. Danach ist Freude ein Produkt der Vernunft und Niedergeschlagenheit oder Depression eine Folge falscher Lebensweise. Wenn das Alte Testament den Israeliten als schwere Sünde vorwirft, sie seien im Überfluß ohne Freude gewesen, bestätigt es dieses Prinzip in denkbar klarer Weise.

Die Grundwerte der Industriegesellschaft stehen im Konflikt mit dem Wohl-Sein des Menschen. Welches sind die Grundwerte der Industriegesellschaften?

Ein erster Grundwert ist die *Beherrschung der Natur.* Beherrscht aber die vorindustrielle Gesellschaft nicht ebenfalls die Natur? Selbstverständlich, sonst wäre der Mensch schon längst verhungert. Die Beherrschung der Natur ist aber in der Industriegesellschaft anders, als sie in landwirtschaftlichen Gesellschaften war. Dies gilt insbesondere, seit die Industriegesellschaft die Natur durch die Technik beherrscht. Die Technik gründet sich auf den Gebrauch des Denkvermögens zur Produktion von Dingen. Sie ist der männliche Ersatz für den weiblichen Schoß. Am Anfang des Alten Testaments wird geschildert, wie Gott die Welt durch sein Wort erschuf, während in dem älteren babylonischen Schöpfungsmythos die Große Mutter die Welt gebiert.

Der zweite Grundwert im Wertsystem der Industriegesellschaft ist die *Ausbeutbarkeit des Menschen* mit Gewalt oder Belohnungen bzw. zumeist mit einer Kombination von beiden.

Der dritte Grundwert besagt, daß das ökonomische Handeln gewinnbringend sein muß. In der Industriegesellschaft ist das *Gewinnstreben* nicht in erster Linie ein Ausdruck persönlicher Habgier, sondern ein Maßstab für die Richtigkeit des ökonomischen Verhaltens. Man produziert nicht für den Gebrauch, wenngleich die meisten Waren einen gewissen Gebrauchswert haben müssen, um verkäuflich zu sein, sondern man produziert, um Gewinn zu machen. Das heißt, das Ergebnis meiner ökonomischen Tätigkeit muß letzten Endes sein, daß ich mehr verdiene, als ich für die Herstellung oder den Erwerb des Verkaufsguts ausgegeben habe. Es ist ein weit verbreitetes Mißverständnis, das Gewinnstreben als persönlichen psychologischen Zug habgieriger Menschen darzustellen. Selbstverständlich kann es dies sein, doch ist es nicht typisch für die Auffassung vom Gewinn in der modernen Industriegesellschaft. Der Gewinn ist lediglich ein Hinweis auf erfolgreiches ökonomisches Verhalten und damit ein Maßstab für geschäftliche Tüchtigkeit.

Ein klassisches Merkmal der Industriegesellschaft ist als viertes der *Wettbewerb*. Die Entwicklung hat jedoch gezeigt, daß infolge zunehmender Zentralisierung und Größe einzelner Unternehmen – und zudem infolge von zwar ungesetzlichen, aber dennoch bestehenden Preisabsprachen – der Wettbewerb der Zusammenarbeit zwischen den Großfirmen weicht und heute eher zwischen zwei kleinen Einzelhandelsgeschäften als zwischen zwei Industriekonzernen auftritt. Unserem gesamten ökonomischen Handeln fehlt heute ein affektives Verständnis zwischen Verkäufer und Käufer. Früher gab es noch ein besonderes Verhältnis zwischen dem Händler und seinem Kunden. Der Händler interessierte sich für den Kunden, und der Verkauf war mehr als nur eine finanzielle Transaktion. Der Geschäftsmann empfand eine gewisse Befriedigung, wenn er der Kundschaft eine Ware verkaufte, die für sie nützlich und ansprechend war. Sicher gibt es das auch heute noch, aber es ist eher die Ausnahme und beschränkt sich im wesentlichen auf altmodische kleine Läden. Im Kaufhaus lächelt das Verkaufspersonal, wenn es ein teures Kaufhaus ist, und schaut gleichgültig drein, wenn es ein billiges Warenhaus ist. Es braucht nicht betont zu werden, daß das Lächeln unecht ist und mit den höheren Preisen bezahlt wird, die das Kaufhaus verlangt.

Als fünfter Punkt ist anzuführen, daß die *Fähigkeit zum Mitgefühl* in unserem Jahrhundert erheblich zurückgegangen ist. Vielleicht sollte man hinzufügen, daß auch die *Leidensfähigkeit* geschwunden ist. Damit meine ich natürlich nicht, daß die Menschen weniger litten als früher; sie sind sich selbst jedoch so sehr entfremdet, daß sie sich ihres Leidens gar nicht voll bewußt werden. Wie ein Mensch mit chronischen Schmerzen nehmen sie das Leiden als gegeben hin und werden es erst gewahr, wenn seine Intensität das Gewohnte übersteigt. Wir sollten aber nicht vergessen, daß das Leiden der einzige Affekt ist, der allen Menschen, ja vielleicht überhaupt allen empfindungsfähigen Wesen, wirklich gemeinsam zu sein scheint. Aus diesem Grund kann der Leidende, der die Universalität des Leidens erkennt, den Trost menschlicher Solidarität erlangen.

Es gibt sehr viele Menschen, die niemals Glück erlebt haben. Es gibt keinen, der nie gelitten hätte, auch wenn er sich verbissen bemüht, das Bewußtsein des Leidens zu verdrängen. Mitgefühl ist untrennbar mit Liebe zum Menschen verbunden. Wo keine Liebe ist, kann kein Mitgefühl sein. Das Gegenteil von Mitgefühl ist Gleichgültigkeit, und Gleichgültigkeit kann als pathologischer Zustand mit schizoiden Zügen bezeichnet werden. Was Liebe zu einem Einzelnen genannt wird, erweist sich oft lediglich als eine Bindung in Abhängigkeit; wer nur einen Menschen liebt, liebt keinen.

Kurt Tucholsky

Das »Menschliche«

»Oberes Bild. Von links nach rechts: Generalintendant T., künstlerischer Beirat L., Betriebsdirektor F., Komparseriechef M., Oberspielleiter P., Dramaturg M., Oberspielleiter S., Spielleiter D., Intendanzsekretär B.«

Was ist das –? Das ist das arbeitende Deutschland von heute. Anders können sies nicht – anders machts ihnen keinen Spaß. Diese Nummern des deutschen Alphabets mit den Metternich-Kanzleititeln vor ihren Namen halten in Wahrheit nur ein mittleres Stadttheater einer Provinzstadt in Ordnung, was immerhin nicht gar so welterschütternd ist. Aber weil es ja keine Angestellten mehr gibt, sondern ganz Deutschland einer Bodenkammer gleicht (vor lauter Leitern kommt man nicht vorwärts) – ›leiten‹ sie alle, und wenn es auch nur ein kleines Mädchen an der Schreibmaschine ist, die zusammen mit ihrem Kaffeetopf gern ›Abteilung‹ genannt wird; die leiten sie dann. Es gibt eine »Vereinigung leitender Angestellter«, offenbar eine Art Obersklaven, die gern bereit sind, unter der Bedingung, daß sie von oben her besser angesehen werden, kräftiger nach unten zu treten. Die Bezeichnung ›Chefpilot‹ erspart einem Unternehmen etwa zweihundert Mark monatlich.

Im Gegensatz zu diesem Unfug, der jeden mittlern Angestellten zu einem Direktor aufbläst, steht, nach des Dienstes ewig falsch gestellter Uhr, eine süße Stunde. Abends, wenn sich die ersten Lautsprecher gurgelnd übergeben, flutet die Muße über das Land herein: der Betriebsdirektor glättet die Dienstfalte seiner Amtsstirn, der Oberspielleiter klopft dem

Spielleiter huldvoll auf die Schultern, und nun pladdert das ›Menschliche‹ aus ihnen heraus.

Das ›Menschliche‹ ist das, was sich anderswo von selbst versteht. Bei uns wird es umtrommelt und zitiert, hervorgehoben und angemalt ... Wenn der kleinste Statist unter den weißen Jupiterlampen fünfundzwanzig Jahre lang die gebrochenen Ehrenworte der Filmindustrie aufgesammelt hat, dann gratulieren die Kollegen ›dem Künstler und dem Menschen‹, was sie – Dienst ist Dienst, und Schnaps ist Schnaps – sorgfältig zu trennen gelernt haben. Der Künstler ist eines, und der Mensch ist ein andres.

Aus dem ›Menschlichen‹ aber, das man nie mehr ohne Anführungsstriche schreiben sollte, ein eignes Ressort gemacht zu haben, ist den Deutschen vorbehalten geblieben, die sich so ziemlich im Gegensatz zur gesamten andern Welt einbilden, es gäbe etwas ›rein Dienstliches‹, oder, noch schlimmer: ›rein Sachliches‹. Wenn die Herren Philologen mir das freundlichst in eine andere Sprache übersetzen wollen – ich vermags nicht.

Jede Anwendung dieses törichten Modewortes ›menschlich‹ bedeutet das Eingeständnis an das ›Dienstliche‹, das in Deutschland das ›Menschliche‹ bewußt ausschließt oder es allenfalls, wenn der Vorgesetzte gerade nicht hinsieht, aus Gnade und Barmherzigkeit hier und da ins Amtszimmer hineinschlüpfen läßt. Zu suchen hat es da viel, aber es hat da nichts zu suchen.

Es ist ein deutscher Aberglaube, anzunehmen, jemand könne durch künstliche und äußerliche Ressorteinteilungen seine Verantwortung abwälzen; zu glauben, es genüge, eine Schweinerei als ›dienstlich‹ zu bezeichnen, um auf einem neuen Blatt a conto ›Menschlichkeit‹ eine neue Rechnung zu beginnen; zu glauben, es gebe überhaupt irgend etwas auf der Welt, in das sich das menschliche Gefühl, hundertmal verjagt, tausendmal wiederkommend, nicht einschleiche. »Es ist ein Irrtum«, hat neulich in Stettin ein Unabsetzbarer im Talar gepredigt, »zu glauben, die Geschworenengerichte hätten nach dem Gefühl zu urteilen – sie haben lediglich nach dem Gesetz zu urteilen.« So sehen diese Urteile auch aus, seit die Unabsetzbaren die Laien beeinflussen – denn ein Urteil ›lediglich nach dem Gesetz‹ gibt es nicht und kann es nicht geben.

Aber das ist die deutsche Lebensauffassung, die die Verständigung mit andern Völkern so schwer macht. Das ›Menschliche‹ steht hierzulande im leichten Ludergeruch der Unordnung, der Aufsässigkeit, des unkontrollierbaren Durcheinanders; der Herr Obergärtner liebt die scharfen Kanten und möchte am liebsten bis Dienstschluß alle Wolken auf Vorderwolke anfliegen lassen, bestrahlt von einer quadratischen Sonne ... Sie haben sich das genau eingeteilt: das ›Dienstliche‹ ist hart, unerbittlich, scharf, rücksichtslos, immer nur ein allgemeines Interesse berücksichtigend, das sich dahin auswirkt, die Einzelinteressen schwer zu beschädigen – das ›Menschliche‹ ist das leise, in Ausnahmefällen anzuwendende Korrektiv sowie jene Stimmung um den Skattisch, wenn alles vorbei ist. Das ›Menschliche‹ ist das, was keinen Schaden mehr anrichtet.

Sie spielen Dienst. Eine junge Frau besucht ihren Mann, der ist Kellner in einem kleinen Café. In Frankreich, in England, in romanischen Ländern spielt sich das so ab, daß sie ihn in der Arbeit nicht stören wird, ihm aber natürlich herzhaft und vor allen Leuten guten Tag sagt. Bei uns –? Bei uns spielen sie Dienst. »Denn er ist im Dienst und darf nicht aus der Rolle fallen, sonst gibt es Krach mit dem Chef, der hinter dem Kuchentisch steht.« Er darf nicht aus der Rolle fallen ... Sie spielen alle, alle eine Rolle.

Sie sind Betriebsdirektoren und Kanzleiobersekretäre und

Komparseriechefs, und wenn sie es eine Weile gewesen sind, dann glauben sie es und sind es wirklich. Daß jedes ihrer Worte, jede ihrer Handlungen, ihr Betragen, ihre Ausflüchte und ihre Sauberkeit bei der Arbeit, ihre Trägheit des Herzens und ihr Fleiß des Gehirns vom ›Menschlichen‹ herrühren, das sie, wie sollte es auch anders sein, nicht zu Hause gelassen haben, weil man ja seine moralischen Eingeweide nicht in der Garderobe abgeben kann –: davon ahnen sie nichts. Sie sind im ›Dienst‹; wenn ich im Dienst bin, bin ich ein Viech, und ich bin immer im Dienst.

Sie teilen, Schizophrene eines unsichtbaren Parademarsches, ihr Ich auf. »Ich als Oberpostschaffner« ... schreibt einer; denn wenn er seine Schachspielerqualitäten hervorheben will, dann schreibt er: »Ich als Mitglied des Schachklubs Emanuel Lasker.« Der tiefe Denkfehler steckt darin, daß sie jedesmal mit der ganzen Person in einen künstlich konstruierten Teil kriechen; als ob der ganze Kerl Schachspieler wäre, durch und durch nichts als Schachspieler ...! »In diesem Augenblick, wo ich zu Ihnen spreche, bin ich lediglich Vormundschaftsrichter« – das soll er uns mal vormachen! Und er macht es uns vor, denn es ist sehr bequem.

Daher alle die Ausreden: »Sehen Sie, ich bin ja menschlich durchaus Ihrer Ansicht« – daher die im tiefsten feige Verantwortungslosigkeit aller derer, die sich hinter ein Ressort verkriechen. Denn wer einem schlechten System dient, kann sich nicht in gewissen heiklen Situationen damit herausreden, daß er ja ›eigentlich‹ und ›menschlich‹ nicht mitspiele ... Dient er? Dann trägt er einen Teil der Verantwortung.

Und so ist ihr deutscher Tag:

Morgens steht der Familienvater auf, drückt als Gatte einen Kuß auf die Stirn der lieben Gattin, küßt die Kinder als Vater und hat als Fahrgast Krach auf der Straßenbahn mit einem andern Fahrgast und mit dem Schaffner. Als Steuerzahler sieht er mißbilligend, wie die Straßen aufgerissen werden; als Intendanzsekretär betritt er das Büro, wobei er sich in einen Vorgesetzten und in einen Untergebenen spaltet; als Gast nimmt er in der Mittagspause ein Bier und eine Wurst zu sich und betrachtet als Mann wohlgefällig die Beine einer Wurstesserin. Er kehrt ins Büro zurück, diskutiert beim Kaffee, den er holen läßt, als Kollege und Flachwassersportler mit einem Kollegen einige Vereinsfragen, schält einen Dienstapfel, beschwert sich als Telefonabonnent bei der Aufsicht, hat als Onkel ein Telefongespräch mit seinem Neffen und kehrt abends heim – als Mensch? »Il est arrivé!« sagte jemand von einer Berühmtheit. »Oui«, antwortete Capus, »mais dans quel état!«

Der deutsche Mensch, der auch einmal ›Mensch sein‹ will, eine Vorstellung, die mit aufgeknöpftem Kragen und Hemdsärmeln innig verknüpft ist – der deutsche Mensch ist ein geplagter Mensch. Nur im Grab ist Ruh ... wobei aber zu befürchten steht, daß er als Kirchhofsbenutzer einen regen Spektakel mit einem nichtkonzessionierten Spuk haben wird ...

Statt guter Gefühle die Sentimentalität jaulender Dorfköter; statt des Herzens eine Registriermaschine: Herz; statt des roten Fadens ›Menschlichkeit‹, der sich in Wahrheit durch alle Taue dieses Lebensschiffes zieht, die Gründung einer eignen Abteilung: Menschlichkeit – nicht einmal Entseelte sind es. Verseelt haben sie sich; die Todsünde am Leben begangen; mit groben Fingern Nervenenden verheddert, verknotet, falsch angeschlossen ... und noch der letzte Justizverbrecher im Talar ist nach der Untat, unter dem Tannenbaum und am Harmonium, in Filzpantoffeln, auf dem Sportplatz und im Paddelboot, rein menschlich ein menschlicher Mensch.

Johann Gottfried Herder
Glückseligkeit des Menschen

Die Glückseligkeit des Menschen ist allenthalben ein individuelles Gut, folglich allenthalben klimatisch und organisch, ein Kind der Übung, der Tradition und Gewohnheit

Schon der Name Glückseligkeit deutet an, daß der Mensch keiner reinen Seligkeit fähig sei, noch sich dieselbe erschaffen möge; er selbst ist ein Sohn des Glücks, das ihn hie und dahin setzte und nach dem Lande, der Zeit, der Organisation, den Umständen, in welchen er lebt, auch die Fähigkeit seines Genusses, die Art und das Maß seiner Freuden und Leiden bestimmt hat. Unsinnig-stolz wäre die Anmaßung, daß die Bewohner aller Weltteile Europäer sein müßten, um glücklich zu leben; denn wären wir selbst, was wir sind, außerhalb Europas geworden? Der nun uns hieher setzte, setzte jene dorthin und gab ihnen dasselbe Recht zum Genuß des irdischen Lebens. Da Glückseligkeit ein innerer Zustand ist, so liegt das Maß und die Bestimmung derselben nicht außer, sondern in der Brust eines jeden einzelnen Wesens; ein andres hat so wenig Recht, mich zu seinem Gefühl zu zwingen, als es ja keine Macht hat, mir seine Empfindungsart zu geben und das meine in sein Dasein zu verwandeln. Lasset uns also aus stolzer Trägheit oder aus gewohnter Vermessenheit die Gestalt und das Maß der Glückseligkeit unsres Geschlechts nicht kürzer oder höher setzen, als es der Schöpfer setzte; denn Er wußte allein, wozu der Sterbliche auf unsrer Erde sein sollte.

Unsern vielorganischen Körper mit allen seinen Sinnen

und Gliedern empfingen wir zum Gebrauch, zur Übung. Ohne diese stocken unsre Lebenssäfte; unsre Organe werden matt; der Körper, ein lebendiger Leichnam, stirbt lange vorher, eh er stirbt; er verwest eines langsamen, elenden, unnatürlichen Todes. Wollte die Natur uns also die erste unentbehrliche Grundlage der Glückseligkeit, Gesundheit, gewähren; so mußte sie uns Übung, Mühe und Arbeit verleihen und dadurch dem Menschen sein Wohlsein lieber aufdringen, als daß er dasselbe entbehren sollte. Daher verkaufen, wie die Griechen sagen, die Götter den Sterblichen alles um Arbeit, nicht aus Neid, sondern aus Güte, weil eben in diesem Kampf, in diesem Streben nach der erquickenden Ruhe der größte Genuß des Wohlseins, das Gefühl wirksamer, strebender Kräfte lieget. Nur in denen Klimaten oder Ständen siechet die Menschheit, wo ein entkräftender Müßiggang, eine üppige Trägheit die Körper lebendig begräbt und sie zu blassen Leichen oder zu Lasten, die sich selbst beschweren, umbildet; in andern und gerade in den härtesten Lebensarten und Ländern blühet der kräftigste Wuchs, die gesundeste, schönste Symmetrie menschlicher Glieder. Gehet die Geschichte der Nationen durch und leset, was Pagès z. B. von der Bildung der Chaktas, der Tegas, vom Charakter der Bissayen, der Inder, der Araber saget; selbst das drückendste Klima macht wenig Unterschied in der Dauer des Menschenlebens, und eben der Mangel ists, der die fröhlichen Armen zur gesundheitbringenden Arbeit stärket. Auch die Mißbildungen des Leibes, die sich hie oder da auf der Erde als genetischer Charakter oder als ererbte Sitte finden, schaden der Gesundheit weniger als unser künstlicher Putz, unsre hundert angestrengten, unnatürlichen Lebensweisen; denn was will ein größerer Ohrlappe der Arakaner, ein ausgerupfter Bart der Ost- und Westindier oder etwa eine durchbohrte Nase zu der eingedrückten, gequälten Brust, zum künstlichen Putz, unsren hundert angestrengten, unnatürlichen Lebensweisen, was zu den Gestalten und den zusammengepreßten Eingeweiden so vieler feiner Europäer und Europäerinnen sagen?

Lasset uns also die Vorsehung preisen, daß, da die Gesundheit der Grund aller unsrer physischen Glückseligkeit ist, sie dies Fundament so weit und breit auf der Erde legte. Die Völker, von denen wir glauben, daß sie sie als Stiefmutter behandelt habe, waren ihr vielleicht die liebsten Kinder; denn wenn sie ihnen kein träges Gastmahl süßer Gifte bereitete, so reichte sie ihnen dafür durch die harten Hände der Arbeit den Kelch der Gesundheit und einer von innen sie erquickenden Lebenswärme. Kinder der Morgenröte blühen sie auf und ab; eine oft gedankenlose Heiterkeit, ein inniges Gefühl ihres Wohlseins ist ihnen Glückseligkeit, Bestimmung und Genuß des Lebens; könnte es auch einen andern, einen sanftern und daurendern geben?

Wir rühmen uns unsrer feinen Seelenkräfte; lasset uns aber aus der traurigen Erfahrung lernen, daß nicht jede entwickelte Feinheit Glückseligkeit gewähre, ja, daß manches zu feine Werkzeug eben dadurch untüchtig zum Gebrauch werde. Die Spekulation z. B. kann das Vergnügen nur weniger, müßiger Menschen sein, und auch ihnen ist sie oft, wie der Genuß des Opiums in den Morgenländern, ein entkräftend-verzerrendes, einschläferndes Traumvergnügen. Der wachende, gesunde Gebrauch der Sinne, tätiger Verstand in wirklichen Fällen des Lebens, muntere Aufmerksamkeit mit reger Erinnerung, mit schnellem Entschluß, mit glücklicher Wirkung begleitet; sie allein sind das, was wir Gegenwart des Geistes, innere Lebenskraft nennen, die sich also auch mit dem Gefühl einer gegenwärtigen wirksamen Kraft, mit Glückseligkeit und Freude selbst belohnet. Glaubet es nicht, ihr Menschen, daß eine unzeitige, maßlose Verfeinerung oder

Ausbildung Glückseligkeit sei, oder daß die tote Nomenklatur aller Wissenschaften, der seiltänzerische Gebrauch aller Künste einem lebendigen Wesen die Wissenschaft des Lebens gewähren könne; denn Gefühl der Glückseligkeit erwirbt sich nicht durch das Rezept auswendig gelernter Namen oder gelernter Künste. Ein mit Kenntnissen überfüllter Kopf, und wenn es auch goldene Kenntisse wären, er erdrücket den Leib, verenget die Brust, verdunkelt den Blick und wird dem, der ihn trägt, eine kranke Last des Lebens. Je mehr wir verfeinernd unsre Seelenkräfte teilen, desto mehr ersterben die müßigen Kräfte; auf das Gerüst der Kunst gespannt, verwelken unsre Fähigkeiten und Glieder an diesem prangenden Kreuze.

Nur auf dem Gebrauch der ganzen Seele, insonderheit ihrer tätigen Kräfte, ruhet der Segen der Gesundheit; und da lasset uns abermals der Vorsehung danken, daß sie es mit dem Ganzen des Menschengeschlechts nicht zu fein nahm und unsre Erde zu nichts weniger als einem Hörsaal gelehrter Wissenschaften bestimmte. Schonend ließ sie bei den meisten Völkern und Ständen der Menschheit die Seelenkräfte in einem festen Knäuel beisammen und entwickelte diesen nur, wo es die Not begehrte. Die meisten Nationen der Erde wirken und phantasieren, lieben und hassen und fürchten, lachen und weinen wie Kinder; sie genießen also auch wenigstens die Glückseligkeit kindlicher Jugendträume. Wehe dem Armen, der seinen Genuß des Lebens sich erst ergrübelt!

Da endlich unser Wohlsein mehr ein stilles Gefühl als ein glänzender Gedanke ist, so sind es allerdings auch weit mehr die Empfindungen des Herzens als die Wirkungen einer tiefsinnigen Vernunft, die uns mit Liebe und Freude am Leben lohnen. Wie gut hat es also die große Mutter gemacht, daß sie die Quelle des Wohlwollens gegen sich und andre, die wahre Humanität unsres Geschlechts, zu der es erschaffen ist, fast unabhängig von Beweggründen und künstlichen Triebfedern in die Brust des Menschen pflanzte. Jedes Lebendige freut sich seines Lebens; es fragt und grübelt nicht, wozu es da sei; sein Dasein ist ihm Zweck und sein Zweck das Dasein. Kein Wilder mordet sich selbst, so wenig ein Tier sich selbst mordet; er pflanzt sein Geschlecht fort, ohne zu wissen, wozu ers fortpflanze, und unterzieht sich auch unter dem Druck des härtesten Klimas aller Mühe und Arbeit, nur damit er lebe. Dies einfache, tiefe, unersetzliche Gefühl des Daseins also ist Glückseligkeit, ein kleiner Tropfen aus einem unendlichen Meer des Allseligen, der in allem ist, und sich in allem freuet und fühlet. Daher jene unzerstörbare Heiterkeit und Freude, die mancher Europäer auf den Gesichtern und im Leben fremder Völker bewunderte, weil er sie bei seiner unruhigen Rastlosigkeit in sich selbst nicht fühlte; daher auch jenes offene Wohlwollen, jene zuvorkommende, zwanglose Gefälligkeit aller glücklichen Völker der Erde, die nicht zur Rache oder Verteidigung gezwungen wurden. Nach den Berichten der Unparteiischen ist diese so allgemein ausgebreitet auf der Erde, daß ich sie den Charakter der Menschheit nennen möchte, wenn es nicht leider ebensowohl Charakter dieser zweideutigen Natur wäre, das offne Wohlwollen, die dienstfertige Heiterkeit und Freude in sich und andern einzuschränken, um sich aus Wahn oder aus Vernunft gegen die künftige Not zu wappnen.

Ein in sich glückliches Geschöpf, warum sollte es nicht auch andre glücklich neben sich sehen und, wo es kann, zu ihrer Glückseligkeit beitragen? Nur weil wir selbst, mit Mangel umringt, so vielbedürftig sind und es durch unsre Kunst und List noch mehr werden; so verenget sich unser Dasein und die Wolke des Argwohns, des Kummers, der Mühe und Sorgen umnebelt ein Gesicht, das für die offne, teilnehmende

Freude gemacht war. Indes, auch hier hatte die Natur das menschliche Herz in ihrer Hand und formte den fühlbaren Teig auf so mancherlei Arten, daß, wo sie nicht gebend befriedigen konnte, sie wenigstens versagend zu befriedigen suchte. Der Europäer hat keinen Begriff von den heißen Leidenschaften und Phantomen, die in der Brust des Negers glühen, und der Indier keinen Begriff von den unruhigen Begierden, die den Europäer von einem Weltende zum andern jagen. Der Wilde, der nicht auf üppige Weise zärtlich sein kann, ist es desto mehr auf eine gesetzte, ruhige Weise; dagegen, wo die Flamme des Wohlwollens lichte Funken umherwirft, da verglühet sie auch bald und erstirbt in diesen Funken. Kurz, das menschliche Gefühl hat alle Formen erhalten, die auf unsrer Kugel in den verschiedenen Klimaten, Zuständen und Organisationen der Menschen nur stattfanden; allenthalben aber liegt Glückseligkeit des Lebens nicht in der wühlenden Menge von Empfindungen und Gedanken, sondern in ihrem Verhältnis zum wirklichen inneren Genuß unseres Daseins und dessen, was wir zu unserem Dasein rechnen. Nirgend auf Erden blühet die Rose der Glückseligkeit ohne Dornen; was aber aus diesen Dornen hervorgeht, ist allenthalben und unter allerlei Gestalten die zwar flüchtige, aber schöne Rose der menschlichen Lebensfreude.

Irre ich nicht, so lassen sich nach diesen einfachen Voraussetzungen, deren Wahrheit jede Brust fühlet, einige Linien ziehen, die wenigstens manche Zweifel und Irrungen über die Bestimmung des Menschengeschlechts abschneiden. Was z. B. könnte es heißen, daß der Mensch, wie wir ihn hier kennen, zu einem unendlichen Wachstum seiner Seelenkräfte, zu einer fortgehenden Ausbreitung seiner Empfindungen und Wirkungen, ja gar, daß er für den Staat als das Ziel seines Geschlechts, und alle Generationen desselben eigentlich nur für die letzte Generation gemacht sei, die auf dem zerfallenen Gerüst der Glückseligkeit aller vorhergehenden throne? Der Anblick unsrer Mitbrüder auf der Erde, ja selbst die Erfahrung eines jeden einzelnen Menschenlebens widerlegt diesen der schaffenden Vorsehung untergeschobenen Plan. Zu einer ins Unermeßliche wachsenden Fülle der Gedanken und der Empfindungen ist weder unser Haupt, noch unser Herz gebildet, weder unsre Hand gemacht, noch unser Leben berechnet. Blühen nicht unsre schönsten Seelenkräfte ab, wie sie aufblühten? Ja, wechseln nicht mit Jahren und Zuständen sie selbst untereinander und lösen im freundschaftlichen Zwist oder vielmehr in einem kreisenden Reigentanz einander ab? Und wer hätte es nicht erfahren, daß eine grenzenlose Ausbreitung seiner Empfindungen diese nur schwäche und vernichte, indem sie das, was Seil der Liebe sein soll, als eine verteilte Flocke den Lüften gibt, oder mit seiner verbrannten Asche das Auge des andern benebelt?

Da wir unmöglich andre mehr oder anders als uns selbst lieben können, denn wir lieben sie nur als Teile unsrer selbst, oder vielmehr uns selbst in ihnen, so ist allerdings die Seele glücklich, die wie ein höherer Geist mit ihrer Wirksamkeit viel umfasset und es in rastloser Wohltätigkeit zu ihr selbst zählet; elend ist aber die andre, deren Gefühl, in Worte verschwemmet, weder sich noch andern tauget. Der Wilde, der sich, der sein Weib und Kind mit ruhiger Freude liebt und für seinen Stamm wie für sein Leben mit beschränkter Wirksamkeit glüht, ist, wie mich dünkt, ein wahreres Wesen als jener gebildete Schatten, der für den Schatten seines ganzen Geschlechts, d. i. für einen Namen, in Liebe entzückt ist. In seiner armen Hütte hat jener für jeden Fremden Raum, den er mit gleicher Gutmütigkeit als seinen Bruder aufnimmt und ihn nicht einmal fraget, wo er her sei. Das verschwemmte Herz des müßigen Kosmopoliten ist eine Hütte für niemand.

Sehen wir denn nicht, meine Brüder, daß die Natur alles, was sie konnte, getan habe, nicht um uns auszubreiten, sondern um uns einzuschränken und uns eben an den Umriß unsres Lebens zu gewöhnen? Unsre Sinne und Kräfte haben ein Maß; die Horen unsrer Tage und Lebensalter geben einander nur wechselnd die Hände, damit die ankommende die verschwundne ablöse. Es ist also ein Trug der Phantasie, wenn der Mann und Greis sich noch zum Jüngling träumet. Vollends jene Lüsternheit der Seele, die, selbst der Begierde zuvorkommend, sich augenblicks in Ekel verwandelt, ist sie Paradieseslust oder vielmehr Tantalus' Hölle, das ewige Schöpfen der unsinnig gequälten Danaiden? Deine einzige Kunst, oh Mensch, hienieden ist also das Maß; das Himmelskind Freude, nach dem du verlangest, ist um dich, ist in dir, eine Tochter der Nüchternheit und des stillen Genusses, eine Schwester der Genügsamkeit und der Zufriedenheit mit deinem Dasein im Leben und Tode.

Noch weniger ists begreiflich, wie der Mensch also für den Staat gemacht sein soll, daß aus diesen Einrichtungen notwendig seine erste wahre Glückseligkeit keime; denn wie viele Völker auf der Erde wissen von keinem Staat, die dennoch glücklicher sind als mancher Staatswohltäter. Ich will mich auf keinen Teil des Nutzens oder des Schadens einlassen, den diese künstlichen Anstalten der Gesellschaft mit sich führen; da jede Kunst aber nur Werkzeug ist, und das künstlichste Werkzeug notwendig den vorsichtigsten, feinsten Gebrauch erfordert, so ist offenbar, daß mit der Größe der Staaten und mit der feinern Kunst ihrer Zusammensetzung notwendig auch die Gefahr, einzelne Unglückliche zu schaffen, unermeßlich zunimmt. In großen Staaten müssen Hunderte hungern, damit Einer prasse und schwelge; Zehntausende werden gedrückt und in den Tod gejaget, damit ein gekrönter Tor oder auch Weiser seine Phantasie ausführe.

Ja endlich, da, wie alle Staatslehrer sagen, jeder wohleingerichtete Staat eine Maschine sein muß, die nur der Gedanke Eines regiert; welche größere Glückseligkeit sollte es gewähren, in dieser Maschine als ein gedankenloses Glied mitzudienen? Oder vielleicht gar wider besseres Wissen und Gefühl lebenslang in ihr auf ein Rad Ixions geflochten zu sein, das dem traurig Verdammten keinen Trost läßt, als etwa die letzte Tätigkeit seiner selbstbestimmenden, freien Seele zu ersticken und in der Unempfindlichkeit einer Maschine sein Glück zu finden?

Wenn wir Menschen sind, so lasst uns der Vorsehung danken, daß sie das allgemeine Ziel der Menschheit nicht dahin setzte. Millionen des Erdballs leben ohne Staaten, und muß nicht ein jeder von uns, auch im künstlichsten Staat, wenn er glücklich sein will, es ebenda anfangen, wo es der Wilde anfängt, nämlich, daß er Gesundheit und Seelenkräfte, das Glück seines Hauses und Herzens, nicht vom Staat, sondern von sich selbst erringe und erhalte? Vater und Mutter, Mann und Weib und Kind, Bruder und Schwester, Freund und Mensch – das sind die Verhältnisse der Natur, durch die wir glücklich werden; was der Staat uns geben kann, sind Kunstwerkzeuge, leider aber kann er uns etwas weit Wesentlicheres, uns selbst, rauben.

Gütig also dachte die Vorsehung, da sie den Kunstendzwecken großer Gesellschaften die leichtere Glückseligkeit einzelner Menschen vorzog, und jene kostbaren Staatsmaschinen, soviel sie konnte, den Zeiten ersparte. Wunderbar teilte sie die Völker nicht nur durch Wälder und Berge, durch Meere und Wüsten, durch Ströme und Klimate, sondern insonderheit auch durch Sprachen, Neigungen und Charaktere, nur damit sie dem unterjochenden Despotismus sein Werk erschwerte und nicht alle Weltteile in den Bauch eines hölzernen Pferdes steckte. Keinem Nimrod gelang es bisher, für sich und sein Geschlecht die Bewohner des Weltenrunds in ein Gehege zusammenzujagen, und wenn es seit Jahrhunderten der Zweck des verbündeten Europas wäre, die glückaufzwingende Tyrannin aller Erdnationen zu sein, so ist die Glücksgöttin noch weit von ihrem Ziele entfernt. Schwach und kindisch wäre die schaffende Mutter gewesen, die die echte und einzige Bestimmung ihrer Kinder, glücklich zu sein, auf die Kunsträder einiger Spätlinge gebauet und von ihren Händen den Zweck der Erdeschöpfung erwartet hätte. Ihr Menschen aller Weltteile, die ihr seit Äonen dahingingt, ihr hättet also nur gelebt und etwa nur mit eurer Asche die Erde gedüngt, damit am Ende der Zeit eure Nachkommen durch europäische Kultur glücklich würden; was fehlet einem stolzen Gedanken dieser Art, daß er nicht Beleidigung der Naturmajestät heiße?

Wenn Glückseligkeit auf der Erde anzutreffen ist, so ist sie in jedem fühlenden Wesen; ja, sie muß in ihm durch Natur sein, und auch die helfende Kunst muß zum Genuß in ihm Natur werden. Hier hat nun jeder Mensch das Maß seiner Seligkeit in sich; er trägt die Form an sich, zu der er gebildet worden, und in deren reinem Umriß er allein glücklich werden kann. Eben deswegen hat die Natur alle ihre Menschenformen auf der Erde geschaffen, damit sie für jede derselben in ihrer Zeit und an ihrer Stelle einen Genuß hätte, mit dem sie den Sterblichen durchs Leben hindurch brächte.

Seneca

Sind es die Sinne oder ist es der Verstand, durch den das Gute erfaßt wird?

Kann ich berichten dir doch von mancherlei Lehren der Alten,
Wenn du nicht fliehst, abwendend den Sinn von kleinlichen Dingen.

Du fliehst aber nicht und läßt dich durch keine Schwierigkeit der Forschung abschrecken. Deine vorzügliche Geistesbildung bewahrt dich davor, nur den wichtigsten Fragen dich zuzuwenden, wie ich es denn auch für richtig halte, daß du überall einen bestimmten Gewinn im Auge hast und nur dann Anstoß nimmst, wenn auch der größte Scharfsinn zu keinem Ergebnis gelangt. Daß dies auch jetzt nicht der Fall sei, darauf soll mein ganzes Bemühen gerichtet sein.

Die Frage, um die es sich handelt, ist diese: Wird das Gute durch die Sinne oder durch den Verstand erfaßt? Damit steht in enger Verbindung der Satz, daß sprachlose Tiere und Kinder für das Gute nicht in Betracht kommen. Alle, welche die Lust an die Spitze stellen, halten das Gute für etwas sinnlich Empfindbares; wir dagegen, die wir es zu einer Sache der Seele machen, halten es für etwas dem Verstande Angehöriges. Wären die Sinne Richter über das Gute, so würden wir keinerlei Lust abweisen, denn es gibt keine Lust, die nicht etwas Einladendes hat, keine, die uns nicht Ergötzen bietet; und umgekehrt würden wir mit Willen keinen Schmerz über uns ergehen lassen, denn es gibt keinen, der nicht den Sinnen wehe täte. Zudem würden diejenigen keinen Tadel verdienen, die an der Lust ein übermäßiges Wohlgefallen finden und den Schmerz mehr fürchten als sonst etwas. Nun tadeln wir aber doch diejenigen, die dem Gaumen und der Wollust ergeben sind, und verachten diejenigen, die aus Furcht vor Schmerz sich vor jedem mannhaften Wagnis scheuen. Was kann man ihnen aber vorwerfen, wenn sie dem Gebot der Sinne als der zuständigen Richter über das Gute und Üble folgen? Denn sie sind es ja, denen ihr die Entscheidung über Erstreben und Fliehen anheimgestellt habt. Aber kein Zweifel: die Vernunft ist es, der die Entscheidung über diese Sache zusteht. Sie gibt die Bestimmungen wie für das glückliche Leben, wie für die Tugend und das Sittlichgute, so auch für das Gute und Üble überhaupt. Denn bei jenen wird dem niedrigsten Teil unserer Seele das Urteil über den höheren eingeräumt, so daß den Sinnen das Bestimmungsrecht über das Gute zusteht, ihnen, die so dumpf und stumpf und bei den Menschen noch träger als bei den übrigen Geschöpfen sind. Wollte man das Kleine nicht durch die Augen sondern durch Betasten unterscheiden, so würde das Ergebnis weit zurückstehen gegen das durch die ersteren. Aber auch dies schärfste sinnliche Prüfungsmittel – die Augen – würde uns für die Unterscheidung des Guten und Bösen im Stich lassen. Du siehst, in wie schwerer Verkennung der Wahrheit derjenige befangen ist, und wie sehr er das Erhabene und Göttliche in den Staub zieht, der den Tastsinn zum Richter macht über das höchste Gut und Übel.

»Wie jede Wissenschaft«, entgegnet man, »und jede Kunst etwas Handgreifliches und sinnlich Wahrnehmbares haben muß, dem sie Ursprung und Wachstum verdankt, so nimmt das glückliche Leben seine Grundlage und seinen Anfang vom Sichtbaren ab und dem, was unter die Sinne fällt. Behauptet doch auch ihr selbst, das glückliche Leben nehme seinen Anfang vom Sichtbaren.« Wir behaupten, daß dasjenige glücklich sei, was der Natur entspreche. Was aber der Natur entspricht, liegt offen und auf den ersten Blick zutage, ebenso wie das, was vollkommen ist. Was naturgemäß ist, was ohne weiteres dem Neugeborenen zuteil geworden, das nenne ich noch nicht ein Gut sondern Anfang des Guten. Du verleihst dein höchstes Gut, die Lust, schon der Kindheit mit, auf daß es gleich bei seiner Geburt mit dem beginne, wozu der vollendete Mann gelangt. Die Wipfel setzest du an die Stelle der Wurzel. Wollte einer behaupten, jenes sich noch im Mutterleibe bergende, dem Geschlechte nach noch unbestimmte, zarte und unfertige und der gehörigen Form noch entbehrende Wesen sei schon Inhaber irgendeines Gutes, so wird sein Irrtum offen zutage liegen. Und doch, wie geringfügig ist der Unterschied zwischen dem, der eben erst zur Welt kommt, und dem, der noch als verborgene Last im Mutterschoße ruht! Beide sind, was das Verständnis des Guten und Übeln anlangt, gleich reif, und wer noch Kind ist, hat noch ebensowenig Empfänglichkeit für das Gute wie ein Baum oder irgendein sprachloses Tier. Warum aber ist im Baum und im sprachlosen Tier nichts Gutes? Weil auch keine Vernunft in ihm ist. Darum ist auch im Kinde nichts Gutes, denn auch ihm fehlt noch die Vernunft. Erst dann wird es zum Guten gelangen, wenn es zur Vernunft gelangt ist. Es gibt unvernünftige lebende Wesen, es gibt solche, die noch nicht vernünftig sind, und es gibt vernünftige, aber noch unvollkommene: keines derselben ist schon im Besitze des Guten, die Vernunft bringt es mit sich. Was ist also für ein Unterschied zwischen den genannten Arten von Geschöpfen? In dem vernunftlosen wird das Gute niemals sein; in dem, welches noch nicht vernünftig ist, kann das Gute einstweilen noch nicht sein; in dem dagegen, welches vernünftig, aber noch unvollkommen ist, *kann* das Gute sein, ist es aber noch nicht. Ich meine das so, mein Lucilius: Das Gute findet sich nicht in jedem Körper, nicht in jedem Alter und ist von der Kindheit so weit entfernt wie das Letzte vom Ersten, wie das Vollendete vom Anfang. Also ist es auch nicht in dem zarten, aber erst sich formenden Körperchen. Und der Grund? Es könnte ebensowenig darin sein wie im Samenkorn. Wenn du sagst: wir kennen etwas Gutes am Baume und an der Saat, so ist das noch nicht gleich im aufkeimenden Halme, der nach oben gerichtet eben jetzt den Boden durchbricht. Es ist etwas Gutes am Weizen: das findet sich noch nicht im milchigen Halme, noch wenn sich die weiche Ähre aus der Hülse hervordrängt, sondern wenn der Sommer und die gehörige Reife die Frucht gekocht hat. Wie jedes natürliche Gebilde sein Gutes erst hervorbringt, wenn es vollendet ist, so findet sich das Gute des Menschen erst dann im Menschen, wenn seine Vernunft zur Reife gelangt ist. Was ist aber dieses Gute? Ich will es sagen: eine freie und hochgerichtete Seele, die das Andere sich unterwirft, sich selbst aber keinem. Dieses Gutes wird die Kindheit so wenig teilhaftig, daß das Knabenalter es nicht hofft und das Jünglingsalter es über Gebühr hofft: noch das Greisenalter darf zufrieden sein, wenn es nach langem und anstrengungsvollem Streben dazu gelangt ist. Verhält es sich mit dem Guten so, dann ist es auch nur mit dem Verstande erfaßbar.

»Du sagtest doch«, erwidert man, »der Baum habe etwas Gutes, der Halm desgleichen: so kann doch auch die Kindheit etwas Gutes haben.« Ein wahres Gut findet sich weder in den Bäumen noch in den sprachlosen Tieren; was in ihnen gut ist, trägt diese Bezeichnung nur als geborgten Namen. »Und was ist darunter zu verstehen?« fragst du. Dasjenige, was der Natur eines jeden gemäß ist. Das Gute kann dem sprachlosen Tier auf keine Weise zukommen. Es gehört einer glücklicheren und besseren Natur an. Nur da, wo die Vernunft ihre Stätte hat, findet sich das Gute. Es gibt vier Arten natürlicher Wesen; das sind der Baum, das Tier, der

Mensch, Gott: die beiden letzteren, welche vernünftig sind, haben die gleiche Natur und unterscheiden sich nur dadurch, daß das eine unsterblich, das andere sterblich ist. Bei dem einen von diesen ist es die Natur, die das Gute vollendet, nämlich bei der Gottheit, bei dem anderen, dem Menschen, ist es die eigene Fürsorge. Das Übrige, dem die Vernunft fehlt, ist nur nach Maßgabe seiner eigenen Natur, nicht aber wahrhaft vollendet; denn erst das ist vollendet, was nach Maßgabe der gesamten Natur vollendet ist. Die Gesamtnatur aber ist vernünftig. Das Übrige kann in *seiner* Art vollendet sein. In einem Wesen, in dem kein glückliches Leben sein kann, kann auch das nicht sein, wodurch ein glückliches Leben hervorgebracht wird; ein glückliches Leben aber wird hervorgebracht durch alles, was als ein Gut zu bezeichnen ist. Im sprachlosen Tier ist weder ein glückliches Leben noch das, wodurch ein glückliches Leben hervorgebracht wird; in einem sprachlosen Tier ist also nichts Gutes. Das sprachlose Tier faßt das Gegenwärtige durch die Sinne auf. Des Vergangenen erinnert es sich nur dann, wenn es wieder auf dasjenige stößt, wodurch der Sinn aufmerksam gemacht wird, wie z. B. das Pferd sieh des Weges erinnert, wenn es an den Anfang desselben gebracht ist. Im Stall hat es keine Erinnerung an den Weg, so oft es ihn auch zurückgelegt hat. Die dritte Zeit aber, nämlich die zukünftige, hat für die sprachlosen Tiere überhaupt keine Bedeutung. Wie kann man also die Natur von Geschöpfen für vollkommen halten, denen die Verfügung über die volle Zeit etwas ganz Fremdes ist? Denn die Zeit setzt sich aus drei Teilen zusammen, Vergangenheit, Gegenwart und Zukunft. Den Tieren ist nur die kürzeste Zeit im Vorübergehen verliehen, die Gegenwart. An Vergangenes denkt das Tier nur selten, und es ist nur der Anblick des Gegenwärtigen, wodurch die Erinnerung wieder wachgerufen wird. Es kann also das

Gute einer vollkommenen Natur nicht in einer unvollkommenen Natur sich finden, oder wenn eine solche Natur es hat, dann haben es auch die Pflanzen. Und ich leugne nicht, daß die sprachlosen Tiere zu dem, was ihrer Natur entsprechend erscheint, mächtige und heftige Triebe haben, doch diese sind ungeordnet und verworren. Niemals aber ist das Gute ungeordnet oder verworren. »Wie nun?« sagst du, »sind die Tiere in ihren Bewegungen aller Ruhe und Ordnung bar?« Ich würde sagen, daß dem so sei, wenn ihre Natur der Ordnung fähig wäre: tatsächlich aber bewegen sie sich gemäß ihrer Natur. Denn verworren ist das, was zuweilen auch nicht verworren sein kann: ängstlich ist, was auch sorglos sein kann. Nur bei dem kann von einem Fehler die Rede sein, der auch im Besitz der Tugend sein kann. Bei den sprachlosen Tieren wird ihre Bewegung ganz durch ihre Natur bestimmt. Aber um dich nicht lange aufzuhalten, auch das sprachlose Tier wird irgendwelches Gute, wird irgendwelche Tugend, wird irgendwelche Vollkommenheit haben, aber weder das Gute noch die Tugend, noch die Vollkommenheit in voller Unbedingtheit. Denn diese Vorzüge werden nur den vernünftigen Wesen zuteil, denen es gegeben ist, das Warum, Inwiefern und Wie zu wissen. So ist das Gute nur in demjenigen Wesen, in dem Vernunft ist.

Was soll nun diese Untersuchung, und was kann sie deiner Seele nützen? So fragst du. Ich sage: sie übt und schärft sie und hält sie, die auf alle Fälle in Tätigkeit sein will, bei einer löblichen Beschäftigung fest. Sie nützt aber auch dadurch, daß sie die einem verkehrten Ziele Zueilenden in ihrem Laufe aufhält. Und ich sage weiter: auf keine Weise kann ich dir mehr nützen als dadurch, daß ich dich auf das *dir* zustehende Gute hinweise, wenn ich zwischen dir und sprachlosen Tieren eine Scheidewand aufrichte, wenn ich dich an die Seite der Gottheit stelle. Wozu, frage ich, nährst und übst du die Kräfte des Körpers? Dem Herdenvieh ebenso wie den wilden Tieren hat die Natur sie in höherem Maße verliehen. Was machst du dir mit der Schönheit deines Äußeren zu schaffen? Wenn du es auch an nichts hast fehlen lassen, so wirst du doch von den sprachlosen Tieren an schmückender Pracht übertroffen. Warum betreibst du deine Haarpflege mit so erstaunlicher Sorgfalt? Magst du dein Haar nach Partherart herabwallen lassen, magst du es nach Germanenart aufbinden oder nach Scythenart es auseinanderscheiteln: bei jedem Pferde wird die Mähne in dichterer Fülle prangen, am Nacken des Löwen wird sie in schönerer Form emporstreben. Magst du durch Übung dich zu einem Schnelläufer gemacht haben, du wirst es doch dem Häschen nicht gleichtun. Fühlst du dich nicht getrieben, dasjenige aufzugeben, worin du als nach Fremdartigem strebend besiegt werden mußt, und zu *deinem* Gute zurückzukehren? Welches ist das? Eine fleckenlose und lautere Seele, die den Spuren der Gottheit folgt, über Menschliches sich erhebt und alles Ihrige in sich selbst trägt. Du bist ein vernünftiges Wesen. Was ist also Gutes in dir? Die vollkommene Vernunft. Diese rufe zu ihrem Ziele, verhilf ihr zum möglichsten Wachstum! Erst dann halte dich für glücklich, wenn dir aus ihr jede Freude erwächst, wenn du unter dem, was die Menschen erraffen, wünschen, behüten, nichts findest, was du, ich sage nicht, *lieber* wolltest, sondern überhaupt wolltest. Ich will dir eine kurze Formel sagen, nach welcher du dich messest, nach welcher du beurteilen kannst, ob du bereits zur Vollkommenheit gelangt bist: dein volles Teil wirst du dann haben, wenn du einsiehst, daß die Unglücklichsten glücklich seien.

Konfuzius
Die fünf Vorbedingungen der Sittlichkeit

Dsi Dschang fragte den Meister Kung nach (dem Wesen) der Sittlichkeit. Meister Kung sprach: »Auf dem ganzen Erdkreis fünf Dinge durchzuführen, das ist Sittlichkeit.« (Dsi Dschang sprach:) »Darf ich danach fragen?« (Meister Kung) sprach: »Würde, Weitherzigkeit, Wahrhaftigkeit, Eifer und Gütigkeit. Zeigt man Würde, so wird man nicht mißachtet; Weitherzigkeit: so gewinnt man die Menge; Wahrhaftigkeit: so vertrauen einem die Menschen; Eifer: so hat man Erfolg; Gütigkeit: so ist man fähig, die Menschen zu verwenden.«

Epikur
Über das Lebensziel

Dafür, daß die Lust das Lebensziel ist, liegt der Beweis darin, daß die Lebewesen von Geburt an daran Gefallen finden, dagegen dem Schmerze naturgemäß und ohne Überlegung sich widersetzen. Auf Grund unserer eigenen Erfahrung also fliehen wir den Schmerz, wie denn selbst Herakles, während er von dem Gewande zerfressen wird, »laut schreit vor Schmerz, daß rings die Felsen hallen, der Lokrer Berge und Euboias Höhen«.

Ich weiß nicht, was ich mir als das Gute vorstellen soll, wenn ich die Lust des Geschmackes, die Lust der Liebe, die Lust des Ohres beiseite lasse, ferner die angenehmen Bewegungen, die durch den Anblick einer Gestalt erzeugt werden, und was sonst noch für Lustempfindungen im gesamten Menschen durch irgendein Sinnesorgan entstehen. So kann man auch nicht sagen, daß ausschließlich die Freude des Geistes das Gute ausmache. Denn die Freude des Geistes erkenne ich in der Hoffnung auf alle jene Dinge, die ich eben genannt habe, und darauf, daß die Natur, wenn sie sie besitzt, dann von Schmerz frei sein wird.

Ich habe oftmals jene, die man weise zu nennen pflegte, gefragt, was ihnen an Gutem übrig bliebe, wenn sie jenes beiseite ließen, was ich erwähnt habe, und wenn sie sich nicht mit leeren Redensarten begnügen wollten. Ich habe nichts von ihnen erfahren können. Mögen sie sich auch mit Tugend und Erkenntnis großtun, sie werden doch keinen andern Weg nennen können als jenen, durch den jene Lustempfindungen erzeugt werden, die ich oben angeführt habe.

Für Menschen, die zu überlegen fähig sind, enthält der wohlgefestigte Zustand des Fleisches und die zuverlässige Hoffnung im Bezug auf ihn die höchste und sicherste Freude.

Man muß das Edle, die Tugenden und dergleichen Dinge schätzen, wenn sie Lust verschaffen; tun sie dies nicht, dann soll man sie fahren lassen.

Immanuel Kant

Vom Ursprung des Bösen in der menschlichen Natur

Ursprung (der erste) ist die Abstammung einer Wirkung von ihrer ersten, d. i. derjenigen Ursache, welche nicht wiederum Wirkung einer andern Ursache von derselben Art ist. Er kann entweder als *Vernunft-* oder als *Zeitursprung* in Betrachtung gezogen werden. In der ersten Bedeutung wird bloß das *Dasein* der Wirkung betrachtet; in der zweiten das *Geschehen* derselben, mithin sie als Begebenheit auf ihre *Ursache in der Zeit* bezogen. Wenn die Wirkung auf eine Ursache, die mit ihr doch nach Freiheitsgesetzen verbunden ist, bezogen wird, wie das mit dem moralisch Bösen der Fall ist: so wird die Bestimmung der Willkür zu ihrer Hervorbringung nicht als mit ihrem Bestimmungsgrunde in der Zeit, sondern bloß in der Vernunftvorstellung, verbunden gedacht, und kann nicht von irgend einem *vorhergehenden* Zustande abgeleitet werden; welches dagegen allemal geschehen muß, wenn die böse Handlung als *Begebenheit* in der Welt auf ihre Naturursache bezogen wird. Von den freien Handlungen, als solchen, den Zeitursprung (gleich als von Naturwirkungen) zu suchen, ist also ein Widerspruch; mithin auch von der moralischen Beschaffenheit des Menschen, sofern sie als zufällig betrachtet wird, weil diese den Grund des *Gebrauchs* der Freiheit bedeutet, welcher (so wie der Bestimmungsgrund der freien Willkür überhaupt) lediglich in Vernunftvorstellungen gesucht werden muß.

Wie nun aber auch der Ursprung des moralischen Bösen im Menschen immer beschaffen sein mag, so ist doch unter allen Vorstellungsarten, von der Verbreitung und Fortsetzung desselben durch alle Glieder unserer Gattung und in allen Zeugungen, die unschicklichste: es sich, als durch *Anerbung* von den ersten Eltern auf uns gekommen, vorzustellen; denn man kann vom Moralisch-Bösen eben das sagen, was der Dichter vom Guten sagt: – Genus et proavos, *et quae non fecimus ipsi,* vix ea nostra puto. (Abkunft, Vorfahren und das, *was wir nicht selber getan haben,* halte ich kaum für das Unsre. Ovid: *Metamorphosen* XIII, 140) – Noch ist zu merken: daß, wenn wir dem Ursprunge des Bösen nachforschen, wir anfänglich noch nicht den Hang dazu (als peccatum in potentia) in Anschlag bringen, sondern nur das wirkliche Böse gegebener Handlungen, nach seiner innern Möglichkeit, und dem, was zur Ausübung derselben in der Willkür zusammenkommen muß, in Betrachtung ziehen.

Eine jede böse Handlung muß, wenn man den Vernunftursprung derselben sucht, so betrachtet werden, als ob der Mensch unmittelbar aus dem Stande der Unschuld in sie geraten wäre. Denn: wie auch sein voriges Verhalten gewesen sein mag, und welcherlei auch die auf ihn einfließenden Naturursachen sein mögen, imgleichen ob sie in oder außer ihm anzutreffen sein: so ist seine Handlung doch frei, und durch keine dieser Ursachen bestimmt, kann also und muß immer als ein *ursprünglicher* Gebrauch seiner Willkür beurteilt werden. Er sollte sie unterlassen haben, in welchen Zeitumständen und Verbindungen er auch immer gewesen sein mag; denn durch keine Ursache in der Welt kann er aufhören, ein frei handelndes Wesen zu sein. Man sagt zwar mit Recht: dem Menschen werden auch die aus seinen ehemaligen freien, aber gesetzwidrigen Handlungen entspringenden *Folgen* zugerechnet; dadurch aber will man nur sagen: man habe nicht nötig, sich auf diese Ausflucht einzulassen, und auszumachen, ob die letztern frei sein mögen, oder nicht, weil schon in der geständlich freien Handlung, die ihre Ursache war, hinreichender Grund der Zurechnung vorhanden ist. Wenn aber jemand bis zu einer unmittelbar bevorstehenden freien Handlung auch noch so böse gewesen wäre (bis zur Gewohnheit als anderer Natur): so ist es nicht allein seine Pflicht gewesen, besser zu sein; sondern es ist jetzt noch seine Pflicht, sich zu bessern; er muß es also auch können, und ist, wenn er es nicht tut, der Zurechnung in dem Augenblicke der Handlung eben so fähig und unterworfen, als ob er, mit der natürlichen Anlage zum Guten (die von der Freiheit unzertrennlich ist) begabt, aus dem Stande der Unschuld zum Bösen übergeschritten wäre. – Wir können also nicht nach dem Zeitursprunge, sondern müssen bloß nach dem Vernunftursprunge dieser Tat fragen, um darnach den Hang, d.i. den subjektiven allgemeinen Grund der Aufnehmung einer Übertretung in unsere Maxime, wenn ein solcher ist, zu bestimmen, und wo möglich zu erklären.

Hiermit stimmt nun die Vorstellungsart, deren sich die Schrift bedient, den Ursprung des Bösen als einen *Anfang* desselben in der Menschengattung zu schildern, ganz wohl zusammen: indem sie ihn in einer Geschichte vorstellig macht, wo, was der Natur der Sache nach (ohne auf Zeitbedingung Rücksicht zu nehmen) als das Erste gedacht werden muß, als ein solches der Zeit nach erscheint. Nach ihr fängt das Böse nicht von einem zum Grunde liegenden Hange zu demselben an, weil sonst der Anfang desselben nicht aus der Freiheit entspringen würde; sondern von der *Sünde* (worunter die Übertretung des moralischen Gesetzes als *göttlichen Gebots* verstanden wird); der Zustand des Menschen aber, vor allem Hange zum Bösen, heißt der Stand der *Unschuld*. Das moralische Gesetz ging, wie es auch beim Menschen, als einem nicht reinen, sondern von Neigungen versuchten, Wesen sein muß, als *Verbot* voraus (I. Mose II,

16,17). Anstatt nun diesem Gesetze, als hinreichender Triebfeder (die allein unbedingt gut ist, wobei auch weiter kein Bedenken statt findet), gerade zu folgen, sah sich der Mensch doch noch nach andern Triebfedern um (III,6), die nur bedingterweise (nämlich, so fern dem Gesetze dadurch nicht Eintrag geschieht) gut sein können, und machte es sich, wenn man die Handlung als mit Bewußtsein aus Freiheit entspringend denkt, zur Maxime, dem Gesetze der Pflicht nicht aus Pflicht, sondern auch allenfalls aus Rücksicht auf andere Absichten zu folgen. Mithin fing er damit an, die Strenge des Gebots, welches den Einfluß jeder andern Triebfeder ausschließt, zu bezweifeln, hernach den Gehorsam gegen dasselbe zu einem bloß (unter dem Prinzip der Selbstliebe) bedingten eines Mittels herab zu vernünfteln; woraus dann endlich das Übergewicht der sinnlichen Antriebe über die Triebfeder aus dem Gesetz in die Maxime zu handeln aufgenommen, und so gesündigt ward (III,6). Mutato nomine de te fabula narratur. (Unter gewandeltem Namen wird von dir in der Sage berichtet. Horaz: *Satiren* I, - V 69 f.) Daß wir es täglich eben so machen, mithin »in Adam alle gesündigt haben« und noch sündigen, ist aus dem Obigen klar; nur daß bei uns schon ein angeborner Hang zur Übertretung, in dem ersten Menschen aber kein solcher, sondern Unschuld, der Zeit nach, vorausgesetzt wird, mithin die Übertretung bei diesem ein *Sündenfall* heißt: statt daß sie bei uns, als aus der schon angebornen Bösartigkeit unserer Natur erfolgend, vorgestellt wird. Dieser Hang aber bedeutet nichts weiter, als daß, wenn wir uns auf die Erklärung des Bösen, seinem *Zeitanfange* nach, einlassen wollen, wir bei jeder vorsätzlichen Übertretung die Ursachen in einer vorigen Zeit unseres Lebens bis zurück in diejenige, wo der Vernunftsgebrauch noch nicht entwickelt war, mithin bis zu einem Hange (als natürliche Grundlage) zum Bösen, welcher darum angeboren heißt, die Quelle des Bösen verfolgen müßten: welches bei dem ersten Menschen, der schon mit völligem Vermögen seines Vernunftgebrauchs vorgestellt wird, nicht nötig, auch nicht tunlich ist; weil sonst jene Grundlage (der böse Hang) gar anerschaffen gewesen sein müßte; daher seine Sünde, unmittelbar als aus der Unschuld erzeugt, aufgeführt wird. – Wir müssen aber von einer moralischen Beschaffenheit, die uns soll zugerechnet werden, keinen Zeitursprung suchen; so unvermeidlich dieses auch ist, wenn wir ihr zufälliges Dasein *erklären* wollen (daher ihn auch die Schrift, dieser unserer Schwäche gemäß, so vorstellig gemacht haben mag).

Der Vernunftursprung aber dieser Verstimmung unserer Willkür in Ansehung der Art, subordinierte Triebfedern zu oberst in ihre Maximen aufzunehmen, d. i. dieses Hanges zum Bösen, bleibt uns unerforschlich, weil er selbst uns zugerechnet werden muß, folglich jener oberste Grund aller Maximen wiederum die Annehmung einer bösen Maxime erfordern würde. Das Böse hat nur aus dem Moralisch-Bösen (nicht den bloßen Schranken unserer Natur) entspringen können; und doch ist die ursprüngliche Anlage (die auch kein anderer als der Mensch selbst verderben konnte, wenn diese Korruption ihm soll zugerechnet werden) eine Anlage zum Guten; für uns ist also kein begreiflicher Grund da, woher das moralische Böse in uns zuerst gekommen sein könne. – Diese Unbegreiflichkeit, zusamt der näheren Bestimmung der Bösartigkeit unserer Gattung drückt die Schrift in der Geschichtserzählung dadurch aus, daß sie das Böse, zwar im Weltanfange, doch noch nicht im Menschen, sondern in einem *Geiste* von ursprünglich erhabener Bestimmung voranschickt: wodurch also der *erste* Anfang alles Bösen überhaupt als für uns unbegreiflich (denn woher bei jenem Geiste das Böse?), der Mensch aber nur als *durch Ver-*

führung ins Böse gefallen, also *nicht von Grund aus* (selbst der ersten Anlage zum Guten nach) verderbt, sondern als noch einer Besserung fähig, im Gegensatze mit einem verführenden *Geiste,* d. i. einem solchen Wesen, dem die Versuchung des Fleisches nicht zur Milderung seiner Schuld angerechnet werden kann, vorgestellt, und so dem ersteren, der bei einem verderbten Herzen doch immer noch einen guten Willen hat, Hoffnung einer Wiederkehr zu dem Guten, von dem er abgewichen ist, übrig gelassen wird.

Arthur Schopenhauer

Grenzenloses Mitleid

Die jetzt ausgesprochene Wahrheit, daß das Mitleid, als die einzige nicht egoistische, auch die alleinige ächt moralische Triebfeder sei, ist, seltsamer, ja, fast unbegreiflicher Weise, paradox. Ich will daher versuchen, sie den Ueberzeugungen des Lesers dadurch zu entfremden, daß ich sie als durch die Erfahrung und die Aussprüche des allgemeinen Menschengefühls bestätigt nachweise.

1) Zu diesem Zweck will ich zuvörderst einen beliebig erdachten Fall zum Beispiel nehmen, der in dieser Untersuchung als *experimentum crucis* (entscheidende Probe) gelten kann. Um mir aber nicht die Sache leicht zu machen, nehme ich keinen Fall der Menschenliebe, sondern eine Rechtsverletzung und zwar die stärkste. – Man setze zwei junge Leute, Kajus und Titus, beide leidenschaftlich verliebt, doch jeder in ein anderes Mädchen: und jedem stehe ein wegen äußerer Umstände bevorzugter Nebenbuhler durchaus im Wege. Beide seien entschlossen, jeder den seinigen aus der Welt zu schaffen, und Beide seien vor aller Entdeckung, sogar vor jedem Verdacht, vollkommen gesichert. Als jedoch Jeder seinerseits an die nähere Veranstaltung des Mordes geht, sehen Beide, nach einem Kampfe mit sich selbst, davon ab. Ueber die Gründe dieses Aufgebens ihres Entschlusses sollen sie uns aufrichtige und deutliche Rechenschaft ablegen. – Nun soll die Rechenschaft, welche Kajus giebt, ganz in die Wahl des Lesers gestellt seyn. Er mag etwan durch religiöse Gründe, wie den Willen Gottes, die dereinstige Vergeltung, das künftige Gericht u. dgl. abgehalten worden

seyn. Oder aber er sage: »Ich bedachte, daß die Maxime meines Verfahrens in diesem Fall sich nicht geeignet haben würde, eine allgemein gültige Regel für alle möglichen vernünftigen Wesen abzugeben, indem ich ja meinen Nebenbuhler allein als Mittel und nicht zugleich als Zweck behandelt haben würde.« – Oder er sage mit *Fichte*: »Jedes Menschenleben ist Mittel zur Realisation des Sittengesetzes: also kann ich nicht, ohne gegen die Realisation des Sittengesetzes gleichgültig zu seyn, Einen vernichten, der zu derselben beizutragen bestimmt ist.« (Sittenlehre, S. 373.) – (Diesem Skrupel, beiläufig gesagt, könnte er dadurch begegnen, daß er, im Besitz seiner Geliebten, bald ein neues Instrument des Sittengesetzes zu produciren hofft.) – Oder er sage, nach *Wollastone*: »Ich habe überlegt, daß jene Handlung der Ausdruck eines unwahren Satzes seyn würde.« – Oder er sage, nach *Hutcheson*: »Der moralische Sinn, dessen Empfindungen, wie die jedes andern Sinnes, nicht weiter erklärlich sind, hat mich bestimmt, es seyn zu lassen.« – Oder er sage, nach *Adam Smith*: »Ich sah voraus, daß meine Handlung gar keine Sympathie mit mir in den Zuschauern derselben erregt haben würde.« – Oder, nach *Christian Wolff*: »Ich erkannte, daß ich dadurch meiner eigenen Vervollkommnung entgegen arbeiten und auch keine fremde befördern würde.« – Oder er sage, nach *Spinoza*: »Nichts ist dem Menschen nützlicher als der Mensch: daher habe ich den Menschen nicht töten wollen« (Spinoza, Ethica, IV, prop. 18, scholium). – Kurz, er sage, was man will. – Aber *Titus*, dessen Rechenschaft ich mir vorbehalte, der sage: »Wie es zu den Anstalten kam, und ich deshalb, für den Augenblick, mich nicht mit meiner Leidenschaft, sondern mit jenem Nebenbuhler zu beschäftigen hatte; da zuerst wurde mir recht deutlich, was jetzt mit ihm eigentlich vorgehen sollte. Aber nun ergriff mich Mitleid und Erbarmen, es jammerte mich seiner, ich konnte es nicht über's Herz bringen: ich habe es nicht thun können.« – Jetzt frage ich jeden redlichen und unbefangenen Leser: Welcher von Beiden ist der bessere Mensch? – Welchem von Beiden möchte er sein eigenes Schicksal lieber in die Hand geben? – Welcher von ihnen ist durch das reinere Motiv zurückgehalten worden? – Wo liegt demnach das Fundament der Moral?

2) Nichts empört so im tiefsten Grunde unser moralisches Gefühl, wie Grausamkeit. Jedes andere Verbrechen können wir verzeihen, nur Grausamkeit nicht. Der Grund hievon ist, daß Grausamkeit das gerade Gegentheil des Mitleids ist. Wenn wir von einer sehr grausamen That Kunde erhalten, wie z. B. die ist, welche eben jetzt die Zeitungen berichten, von einer Mutter, die ihren fünfjährigen Knaben dadurch gemordet hat, daß sie ihm siedendes Oel in den Schlund goß, und ihr jüngeres Kind dadurch, daß sie es lebendig begrub; – oder die, welche eben aus Algier gemeldet wird, daß nach einem zufälligen Streit und Kampf zwischen einem Spanier und einem Algierer, dieser, als der stärkere, jenem die ganze untere Kinnlade rein ausriß und als Trophäe davon trug, jenen lebend zurücklassend; – dann werden wir von Entsetzen ergriffen und rufen aus: »Wie ist es möglich, so etwas zu thun?« – Was ist der Sinn dieser Frage? Ist er vielleicht: Wie ist es möglich, die Strafen des künftigen Lebens so wenig zu fürchten? – Schwerlich. – Oder: Wie ist es möglich, nach einer Maxime zu handeln, die so gar nicht geeignet ist, ein allgemeines Gesetz für alle vernünftigen Wesen zu werden? – Gewiß nicht. – Oder: Wie ist es möglich, seine eigene und die fremde Vollkommenheit so sehr zu vernachlässigen? – Eben so wenig. – Der Sinn jener Frage ist ganz gewiß bloß dieser: Wie ist es möglich, so ganz ohne Mitleid zu seyn? – Also ist es der größte Mangel an Mitleid, der einer That den Stämpel der tiefsten moralischen Verworfenheit und Abscheulich-

keit aufdrückt. Folglich ist Mitleid die eigentliche moralische Triebfeder.

3) Ueberhaupt ist die von mir aufgestellte Grundlage der Moral und Triebfeder der Moralität die einzige, der sich eine reale, ja, ausgedehnte Wirksamkeit nachrühmen läßt. Denn von den übrigen Moralprincipien der Philosophen wird dies wohl Niemand behaupten wollen; da diese aus abstrakten, zum Theil selbst spitzfindigen Sätzen bestehen, ohne anderes Fundament, als eine künstliche Begriffskombination, so daß ihre Anwendung auf das wirkliche Handeln sogar oft eine lächerliche Seite haben würde. Eine gute That, bloß aus Rücksicht auf das Kantische Moralprincip vollbracht, würde im Grunde das Werk eines philosophischen Pedantismus seyn, oder aber auf Selbsttäuschung hinauslaufen, indem die Vernunft des Handelnden eine That, welche andere, vielleicht edlere Triebfedern hätte, als das Produkt des kategorischen Imperativs und des auf nichts gestützten Begriffs der Pflicht auslegte. Aber nicht nur von den *philosophischen*, auf bloße Theorie berechneten, sondern sogar auch von den ganz zum praktischen Behuf aufgestellten *religiösen* Moralprincipien läßt sich selten eine entschiedene Wirksamkeit nachweisen. Dies sehen wir zuvörderst daran, daß, trotz der großen Religionsverschiedenheit auf Erden, der Grad der Moralität, oder vielmehr Immoralität, durchaus keine jener entsprechende Verschiedenheit aufweist, sondern, im Wesentlichen, so ziemlich überall der selbe ist. Nur muß man nicht Rohheit und Verfeinerung mit Moralität und Immoralität verwechseln. Die Religion der Griechen hatte eine äußerst geringe, fast nur auf den Eid beschränkte moralische Tendenz; es wurde kein Dogma gelehrt und keine Moral öffentlich gepredigt: wir sehen aber nicht, daß deshalb die Griechen, Alles zusammengenommen, moralisch schlechter gewesen wären, als die Menschen der Christlichen Jahrhun-

derte. Die Moral des Christenthums ist viel höherer Art, als die der übrigen Religionen, die jemals in Europa aufgetreten sind: aber wer deshalb glauben wollte, daß die Europäische Moralität sich in eben dem Maaße verbessert hätte und jetzt wenigstens unter den gleichzeitigen excellirte, den würde man nicht nur bald überführen können, daß unter Mohammedanern, Gebern (Parsen), Hindu und Buddhaisten mindestens eben so viel Redlichkeit, Treue, Toleranz, Sanftmuth, Wohlthätigkeit, Edelmuth und Selbstverleugnung gefunden wird, als unter den Christlichen Völkern; sondern sogar würde das lange Verzeichniß unmenschlicher Grausamkeiten, die das Christenthum begleitet haben, in den zahlreichen Religionskriegen, den unverantwortlichen Kreuzzügen, in der Ausrottung eines großen Theils der Ureinwohner Amerikas und Bevölkerung dieses Welttheils mit aus Afrika herangeschleppten, ohne Recht, ohne einen Schein des Rechts, ihren Familien, ihrem Vaterlande, ihrem Welttheil entrissenen und zu endloser Zuchthausarbeit verdammten Negersklaven, in den unermüdlichen Ketzerverfolgungen und himmelschreienden Inquisitionsgerichten, in der Bartholomäusnacht, in der Hinrichtung von 18 000 Niederländern durch Alba, u. s. w. u. s. w. – eher einen Ausschlag zu Ungunsten des Christenthums besorgen lassen. Ueberhaupt aber, wenn man die vortreffliche Moral, welche die Christliche und mehr oder weniger jede Religion predigt, vergleicht mit der Praxis ihrer Bekenner, und sich vorstellt, wohin es mit dieser kommen würde, wenn nicht der weltliche Arm die Verbrechen verhinderte, ja, was wir zu befürchten hätten, wenn auch nur auf Einen Tag alle Gesetze aufgehoben würden; so wird man bekennen müssen, daß die Wirkung aller Religionen auf die Moralität eigentlich sehr geringe ist. Hieran ist freilich die Glaubensschwäche schuld. Theoretisch und so lange es bei der frommen Betrachtung bleibt, scheint Jedem sein Glaube fest. Allein die That ist der harte Probierstein aller unserer Ueberzeugungen: wenn es zu ihr kommt und nun der Glaube durch große Entsagungen und schwere Opfer bewährt werden soll; da zeigt sich die Schwäche desselben. Wenn ein Mensch ein Verbrechen ernstlich meditirt; so hat er die Schranke der ächten reinen Moralität bereits durchbrochen: danach aber ist das Erste, was ihn aufhält, alle Mal der Gedanke an Justiz und Polizei. Entschlägt er sich dessen, durch die Hoffnung diesen zu entgehen; so ist die zweite Schranke, die sich ihm entgegenstellt, die Rücksicht auf seine Ehre. Kommt er nun aber auch über diese Schutzwehr hinweg; so ist sehr viel dagegen zu wetten, daß, nach Ueberwindung dieser zwei mächtigen Widerstände, jetzt noch irgend ein Religionsdogma Macht genug über ihn haben werde, um ihn von der That zurückzuhalten. Denn wen nahe und gewisse Gefahren nicht abschrecken, den werden die entfernten und bloß auf Glauben beruhenden schwerlich in Zaum halten. Ueberdies läßt sich gegen jede ganz allein aus religiösen Ueberzeugungen hervorgegangene gute Handlung noch einwenden, daß sie nicht uneigennützig gewesen, sondern aus Rücksicht auf Lohn und Strafe geschehen sei, folglich keinen rein moralischen Werth habe. Diese Einsicht finden wir stark ausgedrückt in einem Briefe des berühmten Großherzogs Karl August von Weimar, wo es heißt: »Baron *Weyhers* fand selber, das müsse ein schlechter Kerl sein, der durch Religion gut, und nicht von Natur dazu geneigt sei. *In vino veritas.*« (Briefe an J. H. Merck, Br. 229.) – Nun betrachte man dagegen die von mir aufgestellte moralische Triebfeder. Wer wagt es, einen Augenblick in Abrede zu stellen, daß sie zu allen Zeiten, unter allen Völkern, in allen Lagen des Lebens, auch im gesetzlosen Zustande, auch mitten unter den Gräueln der Revolutionen und Kriege, und im Großen wie im Kleinen, jeden Tag und jede Stunde, eine entschiedene und wahrhaft wundersame Wirksamkeit äußert, täglich vieles Unrecht verhindert, gar manche gute That, ohne alle Hoffnung auf Lohn und oft ganz unerwartet ins Daseyn ruft, und daß wo sie und nur sie allein wirksam gewesen, wir Alle mit Rührung und Hochachtung der That den ächten moralischen Werth unbedingt zugestehen.

4) Denn gränzenloses Mitleid mit allen lebenden Wesen ist der festeste und sicherste Bürge für das sittliche Wohlverhalten und bedarf keiner Kasuistik. Wer davon erfüllt ist, wird zuverlässig Keinen verletzen, Keinen beeinträchtigen, Keinem wehe thun, vielmehr mit Jedem Nachsicht haben, Jedem verzeihen, Jedem helfen, so viel er vermag, und alle seine Handlungen werden das Gepräge der Gerechtigkeit und Menschenliebe tragen. Hingegen versuche man ein Mal zu sagen: »dieser Mensch ist tugendhaft, aber er kennt kein Mitleid.« Oder: »Es ist ein ungerechter und boshafter Mensch; jedoch ist er sehr mitleidig«; so wird der Widerspruch fühlbar. – Der Geschmack ist verschieden; aber ich weiß mir kein schöneres Gebet, als Das, womit die Alt-Indischen Schauspiele (wie in früheren Zeiten die Englischen mit dem für den König) schließen. Es lautet: »Mögen alle lebende Wesen von Schmerzen frei bleiben.«

5) Auch aus einzelnen Zügen läßt sich entnehmen, daß die wahre moralische Grundtriebfeder das Mitleid ist. Es ist, z. B., eben so unrecht, einen Reichen, wie einen Armen, durch gefahrlose legale Kniffe, um hundert Thaler zu bringen: aber die Vorwürfe des Gewissens und der Tadel der unbetheiligten Zeugen werden im zweiten Fall sehr viel lauter und heftiger ausfallen; daher auch schon Aristoteles sagt: *Es ist schlimmer, einem Unglücklichen Unrecht zu tun als einem Glücklichen* (Aristoteles, Problemata, 29, 2, p. 950 b 3). Hingegen werden die Vorwürfe noch leiser, als im ersten Falle seyn, wenn es

eine Staatskasse ist, die man übervortheilt hat: denn diese kann kein Gegenstand des Mitleids seyn. Man sieht, daß nicht unmittelbar die Rechtsverletzung, sondern zunächst das dadurch auf den Andern gebrachte Leiden den Stoff des eigenen und fremden Tadels liefert. Die bloße Rechtsverletzung als solche, z. B. die obige gegen eine Staatskasse, wird zwar auch vom Gewissen und von Andern gemißbilligt werden, aber nur sofern die Maxime, *jedes Recht zu achten,* welche den wahrhaft ehrlichen Mann macht, dadurch gebrochen ist; also mittelbar und im geringern Grade. War es jedoch eine *anvertraute* Staatskasse, so ist der Fall ein ganz anderer, indem hier der oben festgestellte Begriff der *doppelten Ungerechtigkeit,* mit seinen specifischen Eigenschaften, eintritt. Auf dem hier Auseinandergesetzten beruht es, daß der schwerste Vorwurf, welcher habsüchtigen Erpressern und legalen Schurken überall gemacht wird, der ist, daß sie das Gut der Wittwen und Waisen an sich gerissen haben: eben weil diese, als ganz hülflos, mehr noch, als Andere, hätten das Mitleid erwecken sollen. Der gänzliche Mangel an diesem ist es also, welcher den Menschen der Ruchlosigkeit überführt.

6) Noch augenscheinlicher, als der Gerechtigkeit, liegt der Menschenliebe Mitleid zum Grunde. Keiner wird von Andern Beweise ächter Menschenliebe erhalten, so lange es ihm in jedem Betracht wohl geht. Der Glückliche kann zwar das Wohlwollen seiner Angehörigen und Freunde vielfach erfahren: aber die Aeußerungen jener reinen, uneigennützigen, objektiven Theilnahme am fremden Zustand und Schicksal, welche Wirkung der Menschenliebe sind, bleiben dem in irgend einem Betracht Leidenden aufbehalten. Denn an dem Glücklichen *als solchem* nehmen wir nicht Theil; vielmehr bleibt er *als solcher* unserm Herzen fremd: *habeat sibi sua* (Möge er das Seinige für sich behalten). Ja, er wird, wenn er Viel vor Andern voraus hat, leicht Neid erregen, welcher

droht, bei seinem einstigen Sturz von der Höhe des Glücks, sich in Schadenfreude zu verwandeln. Jedoch bleibt diese Drohung meistens unerfüllt und es kommt nicht zu dem Sophokleischen γελῶσι δ'ἐχϑροί *(die Feinde lachen; Sophokles, Elektra* 1153). Denn sobald der Glückliche stürzt, geht eine große Umgestaltung in den Herzen der Uebrigen vor, welche für unsere Betrachtung belehrend ist. Nämlich zuvörderst zeigt sich jetzt, welcher Art der Antheil war, den die Freunde seines Glücks an ihm nahmen: *Sind die Krüge erst leer, so fliehn mit dem Reste die Freunde* (Horaz, Carmina, I, 35, 26). Aber andererseits, was er mehr fürchtete, als das Unglück selbst, und was zu denken ihm unerträglich fiel, das Frohlocken der Neider seines Glücks, das Hohngelächter der Schadenfreude, bleibt meistens aus: der Neid ist versöhnt, er ist mit seiner Ursache verschwunden, und das jetzt an seine Stelle tretende Mitleid gebiert die Menschenliebe. Oft haben die Neider und Feinde eines Glücklichen, bei seinem Sturz, sich in schonende, tröstende und helfende Freunde verwandelt. Wer hat nicht, wenigstens in schwächeren Graden, etwas der Art an sich selbst erlebt und, von irgend einem Unglücksfall betroffen, mit Ueberraschung gesehen, daß Die, welche bisher die größte Kälte, sogar Uebelwollen gegen ihn verriethen, jetzt mit ungeheuchelter Theilnahme an ihn herantraten. Denn das Unglück eines Anderen ist die Bedingung des Mitleids und Mitleid die Quelle der Menschenliebe. –

Dieser Betrachtung verwandt ist die Bemerkung, daß unsern Zorn, selbst wenn er gerecht ist, nichts so schnell besänftigt, wie hinsichtlich des Gegenstandes desselben die Rede: »es ist ein Unglücklicher«. Denn was für das Feuer der Regen, das ist für den Zorn das Mitleid. Dieserhalb rathe ich Dem, der nicht gern etwas zu bereuen haben möchte, daß, wenn er von Zorn gegen einen Andern entbrannt, diesem ein großes Leid zuzufügen gedenkt, er sich lebhaft vorstellen möge, er hätte es ihm bereits zugefügt, sähe ihn jetzt mit seinen geistigen, oder körperlichen Schmerzen, oder Noth und Elend, ringen, und müßte zu sich sagen: das ist mein Werk. Wenn irgend Etwas, so vermag dieses seinen Zorn zu dämpfen. Denn Mitleid ist das rechte Gegengift des Zorns, und durch jenen Kunstgriff gegen sich selbst anticipirt man, während es noch Zeit ist.

Das Mitleid, denn es läßt, siehst du des Feindes Not,
An dem du dich gerächt, vernehmen sein Gebot
(Voltaire, Semiramis, V, 6)

Ueberhaupt wird unsere gehässige Stimmung gegen Andere durch nichts so leicht beseitigt, als wenn wir einen Gesichtspunkt fassen, von welchem aus sie unser Mitleid in Anspruch nehmen. – Sogar daß Eltern, in der Regel, das kränkliche Kind am meisten lieben, beruht darauf, daß es immerfort Mitleid erregt.

7) Die von mir aufgestellte moralische Triebfeder bewährt sich als die ächte ferner dadurch, daß sie auch *die Thiere* in ihren Schutz nimmt, für welche in den andern Europäischen Moralsystemen so unverantwortlich schlecht gesorgt ist. Die vermeinte Rechtlosigkeit der Thiere, der Wahn, daß unser Handeln gegen sie ohne moralische Bedeutung sei, oder, wie es in der Sprache jener Moral heißt, daß es gegen Thiere keine Pflichten gebe, ist geradezu eine empörende Rohheit und Barbarei (...). In der Philosophie beruht sie auf der aller Evidenz zum Trotz angenommenen gänzlichen Verschiedenheit zwischen Mensch und Thier, welche bekanntlich am entschiedensten und grellsten von *Kartesius* ausgesprochen ward, als eine nothwendige Konsequenz seiner Irrthümer. Als nämlich die Kartesisch-Leibniz-Wolf-

fische Philosophie aus abstrakten Begriffen die rationale Psychologie aufbaute und eine unsterbliche *anima rationalis* konstruirte; da traten die natürlichen Ansprüche der Thierwelt diesem exklusiven Privilegio und Unsterblichkeits-Patent der Menschenspecies augenscheinlich entgegen, und die Natur legte, wie bei allen solchen Gelegenheiten, still ihren Protest ein. Nun mußten die von ihrem intellektuellen Gewissen geängstigten Philosophen suchen, die rationale Psychologie durch die empirische zu stützen und daher bemüht seyn, zwischen Mensch und Thier eine ungeheure Kluft, einen unermeßlichen Abstand zu eröffnen, um, aller Evidenz zum Trotz, sie als von Grund aus verschieden darzustellen. Solcher Bemühungen spottet schon *Boileau*:

Gehn auch die Tiere wohl zur Universität?
Und schreiben sie sich ein bei einer Fakultät?
(Boileau, Satire, VIII, 165)

Da sollten am Ende gar die Thiere sich nicht von der Außenwelt zu unterscheiden wissen und kein Bewußtseyn ihrer selbst, kein Ich haben! Gegen solche abgeschmackte Behauptungen darf man nur auf den jedem Thiere, selbst dem kleinsten und letzten, inwohnenden gränzenlosen Egoismus hindeuten, der hinlänglich bezeugt, wie sehr die Thiere sich ihres Ichs, der Welt oder dem Nicht-Ich gegenüber, bewußt sind. Wenn so ein Kartesianer sich zwischen den Klauen eines Tigers befände, würde er auf das deutlichste inne werden, welchen scharfen Unterschied ein solcher zwischen seinem Ich und Nicht-Ich setzt. Solchen Sophistikationen der Philosophen entsprechend finden wir, auf dem populären Wege, die Eigenheit mancher Sprachen, namentlich der deutschen, daß sie für das Essen, Trinken, Schwangerseyn, Gebären, Sterben und den Leichnam der Thiere ganz eigene Worte haben, um nicht die gebrauchen zu müssen, welche jene Akte beim Menschen bezeichnen, und so unter der Diversität der Worte die vollkommene Identität der Sache zu verstecken. Da die alten Sprachen eine solche Duplicität der Ausdrücke nicht kennen, sondern unbefangen die selbe Sache mit dem selben Worte bezeichnen; so ist jener elende Kunstgriff ohne Zweifel das Werk Europäischer Pfaffenschaft, die, in ihrer Profanität, nicht glaubt weit genug gehen zu können im Verleugnen und Lästern des ewigen Wesens, welches in allen Thieren lebt; wodurch sie den Grund gelegt hat zu der in Europa üblichen Härte und Grausamkeit gegen Thiere, auf welche ein Hochasiate nur mit gerechtem Abscheu hinsehen kann. In der Englischen Sprache begegnen wir jenem nichtswürdigen Kunstgriff nicht; ohne Zweifel, weil die Sachsen, als sie England eroberten, noch keine Christen waren. Dagegen findet sich ein Analogon desselben in der Eigenthümlichkeit, daß im Englischen alle Thiere *generis neutrius* (sächlichen Geschlechts) sind und daher durch das Pronomen *it* (es) vertreten werden, ganz wie leblose Dinge; welches, zumal bei den Primaten, wie Hunde, Affen u. s. w., ganz empörend ausfällt und unverkennbar ein Pfaffenkniff ist, um die Thiere zu Sachen herabzusetzen. Die alten Aegypter, deren ganzes Leben religiösen Zwecken geweiht war, setzten in den selben Grüften die Mumien der Menschen und die der Ibisse, Krokodile u. s. w. bei: aber in Europa ist es ein Gräuel und Verbrechen, wenn der treue Hund neben der Ruhestätte seines Herrn begraben wird, auf welcher er bisweilen, aus einer Treue und Anhänglichkeit, wie sie beim Menschengeschlechte nicht gefunden wird, seinen eigenen Tod abgewartet hat. – Auf die Erkenntniß der Identität des Wesentlichen in der Erscheinung des Thiers und der des Menschen leitet nichts entschiedener hin, als die Beschäftigung mit Zoologie und Anatomie: was soll man daher sagen, wenn heut zu

Tage (1839) ein frömmelnder Zootom einen absoluten und radikalen Unterschied zwischen Mensch und Thier zu urgiren sich erdreistet und hierin so weit geht, die redlichen Zoologen, welche, fern von aller Pfäfferei, Augendienerei und Tartüffianismus, an der Hand der Natur und Wahrheit ihren Weg verfolgen, anzugreifen und zu verunglimpfen?

Friedrich Nietzsche

Der Wille zur Macht

Wo ich Leben sah, fand ich Willen zur Macht: und auch noch im Willen des Dienenden fand ich Willen zur Macht.

Man unterwirft sich dem Großen, um über Kleine Herr zu sein: diese Lust überredet uns zur Unterwerfung.

Was nicht ist, das kann nicht wollen! Was aber Dasein hat – wie könnte dies noch – »zum Dasein wollen!«

Ihr meint, die Dinge zu kennen und alle Dinge: so setzt ihr Werthe an und Gütertafeln. Dies ist der Aberglaube aller Schätzenden.

Ihr seid mir nur ein Fluß, auf dem ein Nachen weiterschwimmt: im Nachen aber sitzen die vermummten Werthschätzungen, die feierlichen.

So beginnt die ehrliche Wissenschaft: sie fragt: was ist? und nicht: was ist es werth?

Was für den Menschen da ist, so daß der Mensch erhalten bleibt: das ist unsre Grenze.

Auch dein Ideal ist noch nicht deine Grenze: weiter reicht deine Kraft als die Sehnsucht deines Auges.

Die Sonne gieng lange schon hinunter, die Wiese ist feucht, von den Wäldern her kommt Kühle: ein Unbekanntes ist um mich und blickt nachdenklich auf mich hin. Wie, du lebst noch! Warum lebst du noch?

Was uns von innen her bewegt, das staunen wir an, als unbegreiflich: nun erfinden wir Ton und Wort dafür – und nun meinen wir, auch, es sei begreiflich worden. Dieser Aberglaube ist in Allem, was tönt: der Wahn des Ohres.

Wille zur Wahrheit? Oh meine weisesten Brüder, das ist ein Wille zur Denkbarkeit der Welt!

Sichtbar werden soll auch die Welt im Kleinsten noch: dann meint ihr zu *begreifen:* das ist die Thorheit des Auges.

Reden wir davon: ob es gleich schlimm ist; davon schweigen ist fürchterlich!

Andere Meere sah ich, unglaubwürdig schien mir ihr Blau, eine Schminke schien es mir auf zottigen Häuten: grau und gräßlich floß das Blut darunter. Aber hier ist das Blut des Meeres – blau.

Nichts ist kostspieliger als ein falscher Wahn über Gut und Böse!

»Der gute Mensch ist unmöglich: im Leben selber ist Ungüte Wahn und Ungerechtigkeit. Und dies wäre der letzte Wille zur Güte, alles Leben zu verneinen!«

Mit eurem Gut und Böse habt ihr euch das Leben verleidet, euren Willen müde gemacht; und euer Schätzen selber war das Zeichen des absteigenden Willens, der zum Tode sich sehnt.

Franz Kafka

Ein Mensch hat freien Willen

Ein Mensch hat freien Willen und zwar dreierlei: Er war frei, als er dieses Leben wollte, jetzt kann er es allerdings nicht mehr rückgängig machen, denn er ist nicht mehr jener der es damals wollte, es wäre denn insoweit als er doch seinen damaligen Willen ausführt, indem er lebt. Er ist zweitens frei, indem er die Gangart und den Weg dieses Lebens wählen kann. Er ist drittens frei, indem er als derjenige, der er einmal wieder sein wird, den Willen hat, sich unter jeder Bedingung durch das Leben gehn und auf diese Weise zu sich kommen zu lassen und zwar auf einem zwar wählbaren, aber jedenfalls derartig labyrint[h]ischen Weg, daß er kein Fleckchen dieses Lebens unberührt läßt. Das ist das dreierlei des freien Willens, es ist aber auch, da es gleichzeitig ist, ein Einerlei und ist im Grunde so sehr Einerlei, daß es keinen Platz hat für einen Willen, weder für einen freien noch unfreien.

Mascha Kaléko

Apropos »Freier Wille«

I.

A.: »Wir tun nur, was wir sollen.«
B.: »Der Mensch kann, was er will.«
A.: »Gewiß. Doch kann er wollen, das, was er wollen will?«

II.

»Ich hüpfe«, sprach der Gummiball,
»ganz wie es mir beliebt,
und schließe draus, daß es so was
wie ›freien Willen‹ gibt.«

»Mal hüpf ich hoch, mal hüpf ich tief,
nach Lust und nach Bedarf.«
So sprach der Ball, nicht ahnend, daß
des Knaben Hand ihn warf.

III.

Was geschehn soll, wird geschehen,
was mißlingen soll, mißlingen.
Was im Plan nicht vorgesehen,
kann der Stärkste nicht erzwingen.

Altägyptische Anklage gegen den Schöpfergott und dessen Antwort

Anklage gegen den Schöpfergott
Seht, weshalb suchte er, Menschen zu bilden,
ohne den Furchtsamen vom Starken zu scheiden,
so dass er die Hitze kühlte?
Man sagt doch: Er ist der Hirte der Menschheit,
an seinem Herzen ist kein Makel.
Doch seine Herde ist mangelhaft,
obgleich er den ganzen Tag damit zubringt, für sie zu sorgen.
Aber in ihren Herzen steckt das Hitzige!
Oh, hätte er doch ihr Wesen
schon in der ersten Generation erkannt!
Dann hätte er sie mit Unheil geschlagen,
hätte den Arm gegen sie ausgestreckt,
hätte ihr Vieh vernichtet und ihre Erben ausgelöscht,
wenn der Wunsch zum Gebären noch bestanden hätte.
So aber ist Hartherzigkeit entstanden und Not auf allen
    Wegen.
Genau das ist es, was nicht bedacht wurde,
solange die Götter noch in ihrer Mitte waren
und der Same aus den Menschenfrauen hervorkam.
Es lässt sich kein Ausweg finden,
die Wirrnis ist da,
vertrieben durch das Böse sind die,
welche es geschehen ließen.
Es gibt keinen Lotsen mehr, der sich verpflichtet fühlt!
Wo ist er denn heute?
Schläft er etwa?

Seht, man nimmt seine Macht nicht wahr!
Als wir zu dir flehten, da fand ich dich nicht!
Man kann dich nicht rufen,
denn es fehlt dir die Entrüstung!
Aber dies ist eine Vernichtung des Herzens! …

Der Schöpfergott antwortet auf diese Anklage
Worte, gesprochen von dem mit Geheimem Namen, dem
    Allherrn,
zu denen, die das Wüten zur Ruhe bringen bei der
    Barkenfahrt des Hofstaates:

Ziehet in Frieden hin,
ich gewähre euch wiederum die guten Dinge, die mein
    eigener Wille geschaffen hat
im Inneren der die Welt umfassenden Schlange (die das
    Diesseits vom Jenseits trennt),
um das Unrecht zum Schweigen zu bringen.
Ich habe viermal Vollendetes getan
im Inneren des Horizont-Tores:

Ich habe die vier Winde geschaffen,
so dass jeder Mensch atmen kann in seinem Lebensraum.
Das ist eines davon.

Ich habe die große Flut geschaffen,
damit der Niedrige wie der Große sich ihrer bedienen kann.
Das ist eines davon.

Ich habe jeden Menschen gleich geschaffen,
und nicht befohlen, dass sie Böses tun.
Ihr Wille ist es, der meine Ordnung stört.
Das ist eines davon.

Ich habe veranlasst,
dass ihre Herzen das Totenreich nicht vergessen können,
damit den Göttern Opfer dargebracht werden.
Das ist eines davon.

Aus meinem Schweiß habe ich die Götter geschaffen,
die Menschen aber aus den Tränen meiner Augen.
Ich leuchte immer wieder auf,
damit ich wahrgenommen werde an jedem Tag
in dieser meiner Würde als Allherr.
Ich habe auch die Nacht geschaffen
für den »mit müdem Herzen« (Osiris, Herrscher des
    Totenreiches).
Ich will meine Barke auf den richtigen Weg führen.
Ich bin der Herr der Urflut beim Überqueren des Himmels!
Ich werde nicht zu Schaden kommen an meinen Gliedern.
Machtwort und Magie werfen mir jenen Bösartigen nieder
(den Götterfeind, der die Schöpfung jede Nacht bedroht),
damit ich den Horizont wieder schaue
und an dessen erster Stelle verweile.
Ich richte den Schwachen und den Starken,
und das Gleiche tue ich mit den Sündern.
Mir gehört das Leben! Ich bin sein Herr!
Aus meiner Hand wird das Zepter nie weggenommen!

Ich habe Millionen von Jahren aufgeteilt
zwischen mir und jenem »mit müdem Herzen«,
dem Sohn des Geb (Vater des Osiris).
Dann aber werden wir zusammen wohnen an einem
    einzigen Platz!
Die Hügel werden zu Städten,
die Städte zu Hügeln,
ein Haus wird das andere zerstören.

Buddha

Gibt es ein Jenseits?

Also habe ich gehört.

Zu einer Zeit wanderte der ehrwürdige Kumārakassapa im Lande der Kosalas mit einer großen Mönchsschar, fünf Hunderten von Mönchen, und kam nach Setavyā, einer Stadt der Kosalas. Da verweilte der ehrwürdige Kumārakassapa zu Setavyā, im Siṃsapāhain, nördlich von Setavyā. Zu der Zeit nun war der Fürst Pāyāsi Herr über Setavyā, einen Ort voll von Menschen und Getier, reich an Weiden, Gehölz und Wasser, reich an Getreide, einen königlichen Besitz, der von Pasenadi dem Kosalakönige als königliche Gabe nach dem Recht der Gaben an Brahmanen ihm verliehen war.

Zu dieser Zeit nun hegte der Fürst Pāyāsi einen verwerflichen Glauben folgender Gestalt: »Es gibt keine jenseitige Welt. Es gibt keine ungezeugten (himmlischen) Wesen. Es gibt nicht Lohn noch Frucht guter und böser Taten.«

Nun hörten die Brahmanen und Bürger von Setavyā: »Der Asket Kumārakassapa, ein Jünger des Asketen Gotama, im Lande der Kosalas wandernd mit einer großen Mönchsschar, fünf Hunderte von Mönchen, ist nach Setavyā gekommen und verweilt zu Setavyā, im Siṃsapāhain, nördlich von Setavyā. Diesem Herrn Kumārakassapa geht solch glänzender Ruf voraus: ›Er ist gelehrt, kundig und weise, an Wissen reich, ein Meister in mannigfachen Reden, reich an schöner Eingebung, ehrwürdig und heilig. Gut ist es, den Anblick solch heiliger Männer zu genießen.‹ So zogen die Brahmanen und Bürger von Setavyā aus der Stadt hinaus, und in Scharen, scharenweise und haufenweise, gingen sie gen Norden und kamen zum Siṃsapāhain.

Zu der Zeit nun hatte sich der Fürst Pāyāsi zum Söller seines Palastes begeben, um Mittagsruhe zu halten. Da sah der Fürst Pāyāsi, wie die Brahmanen und Bürger von Setavyā aus der Stadt hinauszogen und zum Siṃsapāhain kamen. Wie er das sah, sprach er zu seinem Türhüter: »Was ziehen da, mein guter Türhüter, die Brahmanen und Bürger?«

»Da ist, Herr, der Asket Kumārakassapa. Diesen Herrn Kumārakassapa gehen sie sehen.«

»So gehe, mein guter Türhüter, zu den Brahmanen und Bürgern von Setavyā und sprich zu ihnen also: ›Der Fürst Pāyāsi, meine Guten, läßt euch sagen: Wartet, denn der Fürst Pāyāsi will selbst kommen, den Asketen Kumārakassapa zu sehen.‹ Sonst überredet zuvor der Asket Kumārakassapa die dummen, törichten Brahmanen und Bürger von Setavyā: ›Es gibt eine jenseitige Welt. Es gibt ungezeugte (himmlische) Wesen. Es gibt Lohn und Frucht guter und böser Taten.‹ Denn in Wahrheit, mein guter Türhüter, gibt es keine jenseitige Welt, gibt es keine ungezeugten Wesen, gibt es nicht Lohn noch Frucht guter und böser Taten.«

(...)

Da ging der Fürst Pāyāsi, umgeben von den Brahmanen und Bürgern von Setavyā, nach dem Siṃsapāhain zum ehrwürdigen Kumārakassapa, wechselte mit ihm begrüßende, freundliche Rede und setzte sich zur Seite nieder. Auch von den Brahmanen und Bürgern von Setavyā setzten sich die einen nach ehrfurchtsvollem Gruß an den ehrwürdigen Kumārakassapa zur Seite nieder, andre wechselten mit ihm begrüßende, freundliche Rede und setzten sich zur Seite nieder, andre neigten ihre zusammengelegten Hände gegen den ehrwürdigen Kumārakassapa und setzten sich zur Seite nieder, andre nannten ihren Namen und Geschlechtsnamen und setzten sich zur Seite nieder, andre setzten sich schweigend zur Seite nieder.

Zur Seite dasitzend, sagte nun der Fürst Pāyāsi zum ehrwürdigen Kumārakassapa: »Ich, mein guter Kassapa, spreche also und habe diesen Glauben: ›Es gibt keine jenseitige Welt. Es gibt keine ungezeugten (himmlischen) Wesen. Es gibt nicht Lohn noch Frucht guter und böser Taten.‹«

»Noch nie, mein Fürst, habe ich jemanden gesehen oder gehört, der also spricht oder diesen Glauben hat. Wie möchte wohl jemand also sprechen: ›Es gibt keine ...‹? So will ich denn, Fürst, dich hier selbst fragen. Wie es dir scheint, so mögst du mir antworten. Wie meinst du, Fürst, sind der Mond dort und die Sonne in dieser Welt oder in der jenseitigen? Sind sie Götter oder Menschen?«

»Der Mond dort und die Sonne sind in der jenseitigen Welt, nicht in dieser. Und sie sind Götter, nicht Menschen.«

»So haben wir hier eine Erwägung, Fürst, auf Grund deren du zu der Überzeugung kommen mußt: ›Es gibt eine jenseitige Welt ...‹«

»Magst du gern so sprechen, mein guter Kassapa, ich bleibe doch bei meinem Glauben: ›Es gibt keine ...‹«

»Gibt es denn eine Erwägung, Fürst, auf Grund deren du annimmst: ›Es gibt keine ...‹«

»Freilich, Kassapa, gibt es eine Erwägung, auf Grund deren ich das annehme.«

»Und worin besteht die, Fürst?«

»Da sind, mein guter Kassapa, Freunde und Genossen von mir, Verwandte und Blutsfreunde, die morden, rauben, sündigen in ihren Lüsten, lügen, verleumden, führen grobe Reden, machen törichtes Geschwätz, sind gierig, voll böser Gedanken und Irrglauben. Die verfallen dann in Siechtum, Leiden, schwere Krankheit. Wenn ich dann merke, daß sie von ihrer Krankheit nicht genesen werden, gehe ich zu ihnen und sage: ›Da sind, meine Guten, gewisse Asketen und Brahmanen, die also sprachen und diesen Glauben haben: Menschen, die morden, rauben ..., gehen, wenn ihr Leib zerbricht, jenseits des Todes den Unglücksweg, den bösen Gang, zur Verdammnis, zur Hölle. Ihr, meine Guten, habt nun gemordet, geraubt ... Wenn das Wort jener guten Asketen und Brahmanen wahr ist, werdet ihr, wenn euer Leib zerbricht, jenseits des Todes den Unglücksweg, den bösen Gang, zur Verdammnis gehen, in die Hölle kommen. Solltet ihr also, wenn euer Leib zerbricht ... in die Hölle kommen, so kommt doch zu mir und meldet mir: Es gibt eine jenseitige Welt. Es gibt ungezeugte Wesen. Es gibt Lohn und Frucht guter und böser Taten. Ihr, meine Guten, genießt bei mir Glauben und Vertrauen. Was ihr seht, wird mir gelten, als hätte ich es selbst gesehen.‹ Die sagen es mir zu: ›Gut, wir werden es tun.‹ Aber sie kommen nicht, mir das zu melden, und sie schicken auch keinen Boten. Auch das ist eine Erwägung, Kassapa, auf Grund deren ich annehme: Es gibt keine jenseitige Welt. Es gibt keine ungezeugten Wesen. Es gibt nicht Lohn noch Frucht guter und böser Taten.«

»So will ich denn, Fürst, dich hier selbst fragen. Wie es dir scheint, so mögst du antworten. Wie meinst du, Fürst? Wenn deine Leute einen Räuber, einen schweren Verbrecher fassen und ihn dir vorführen: ›Das ist ein Räuber, Herr, ein schwerer Verbrecher. Verhänge über ihn Strafe nach deinem Ermessen‹ – dann würdest du sagen: ›So bindet diesen Mann mit einem starken Strick fest, die Arme auf dem Rücken, schert ihn kahl, führt ihn unter scharfem Trommelklang von einer Straße zur andern, von einer Wegkreuzung zur andern, geht zum Südtor hinaus, und südlich von der Stadt auf dem Richtplatz schlagt ihm das Haupt ab.‹ Die sagen: ›Gut, das tun wir‹, binden den Mann mit einem starken Strick ... gehen zum Südtor hinaus, und südlich von der Stadt auf dem Richtplatz lassen sie ihn sich setzen. Wenn da nun der Räuber zu den Scharfrichtern sagte: ›Wartet noch, meine guten Scharfrichter: In dem und dem Dorf oder Flecken habe ich Freunde und Genossen, Verwandte und Blutsfreunde – bis ich von denen Abschied genommen habe und wiederkomme‹ – würde er das wohl von ihnen erlangen, oder würden die Scharfrichter, ehe er noch zu Ende geschwätzt hat, ihm das Haupt abschlagen?«

»Wenn er zu den Scharfrichtern sagte, mein guter Kassapa..., so würde er das von ihnen nicht erlangen, sondern sie würden, ehe er noch zu Ende geschwätzt hat, ihm das Haupt abschlagen.«

»So würde also, Fürst, der Räuber, der ein Mensch ist, von den Scharfrichtern, die auch Menschen sind, keine Erlaubnis erlangen. Wie sollten dann deine Freunde und Genossen, deine Verwandten und Blutsfreunde, die gemordet..., wenn sie beim Zerbrechen ihres Leibes, jenseits des Todes den Unglücksweg, den bösen Weg, zur Verdammnis gegangen, in die Hölle gekommen sind, es erlangen, wenn sie zu den Höllenwächtern sagen: ›Wartet noch, meine guten Höllenwächter, bis wir zum Fürsten Pāyāsi gegangen sind und ihm gemeldet haben: ›Es gibt eine jenseitige Welt‹? So mußt du auch auf Grund dieser Erwägung, Fürst, zu der Überzeugung kommen: Es gibt eine jenseitige Welt.«

»Magst du gern so sprechen, mein guter Kassapa, ich bleibe doch bei meinem Glauben: ›Es gibt keine...‹«

»Gibt es denn eine Erwägung, Fürst, auf Grund deren du annimmst: ›Es gibt keine...‹?«

»Freilich, Kassapa, gibt es eine Erwägung.«

»Und worin besteht die, Fürst?«

»Da sind, mein guter Kassapa, Freunde und Genossen von mir, Verwandte und Blutsfreunde, die enthalten sich des Mordens, des Rauben, des Sündigens in ihren Lüsten, des

Lügens, des Verleumdens, der groben Reden, des törichten Geschwätzes; sie sind frei von Gier, frei von bösen Gedanken und haben den rechten Glauben. Die verfallen dann in Siechtum, Leiden, schwere Krankheit. Wenn ich dann merke, daß sie von ihrer Krankheit nicht genesen werden, gehe ich zu ihnen und sage: ›Da sind, meine Guten, gewisse Asketen und Brahmanen, die also sprechen und diesen Glauben haben: Menschen, die sich des Mordens enthalten ... gehen, wenn ihr Leib zerbricht, jenseits des Todes den Heilsweg und kommen in den Himmel.‹ Ihr, meine Guten, habt euch nun des Mordens enthalten ... Wenn das Wort jener guten Asketen und Brahmanen wahr ist, werdet ihr, wenn euer Leib zerbricht, jenseits des Todes den Heilsweg gehen und in den Himmel kommen. Solltet ihr also in den Himmel kommen, so kommt doch zu mir und meldet mir ... – auch das ist eine Erwägung, Kassapa, auf Grund deren ich annehme: ›Es gibt keine ...‹«

»So will ich denn, Fürst, dir ein Gleichnis sagen. Durch ein Gleichnis erkennt manch ein Verständiger den Sinn dessen, was geredet wird. Wenn da ein Mann, Fürst, in eine Grube voll Unrat bis über den Kopf hineingeraten ist und du den Leuten befiehlst: ›Zieht den Mann aus der Grube mit Unrat heraus‹ – die sagen: ›Gut, das wollen wir tun‹ und ziehn den Mann aus der Grube mit Unrat heraus. Dann sagst du zu ihnen: ›Bürstet nun dem Mann den Unrat mit Bambusbürsten gut ab von seinem Leib.‹ Sie sagen: ›Gut, das wollen wir tun‹ und bürsten dem Mann den Unrat mit Bambusbürsten von seinem Leib gut ab. Dann sagst du zu ihnen: ›Reibt nun diesem Mann den Leib dreimal gut mit gelbem Seifenpulver ein.‹ Und sie reiben dem Mann den Leib dreimal gut mit gelbem Seifenpulver ein. Dann sagst du zu ihnen: ›Salbt nun den Mann mit Öl und wascht ihn dreimal mit feinem Toilettenpulver.‹ Und sie salben den Mann mit Öl und waschen ihn dreimal mit feinem Toilettenpulver. Dann sagst du zu ihnen: ›Frisiert nun dem Mann Haar und Bart.‹ Und sie frisieren ihm Haar und Bart. Dann sagst du zu ihnen: ›Bringt dem Mann einen kostbaren Kranz und kostbare Salbe und kostbare Kleider.‹ Und sie bringen dem Mann einen kostbaren Kranz und kostbare Salbe und kostbare Kleider. Dann sagst du zu ihnen: ›Führt den Mann zu einem Palast und bereitet ihm Genüsse aller fünf Sinne.‹ Und sie führen den Mann zu einem Palast und bereiten ihm Genüsse aller fünf Sinne. Wie meinst du nun, Fürst, jener Mann, der schön gewaschen, schön gesalbt, an Haar und Bart frisiert, bekränzt und geschmückt, mit reinen Kleidern angetan ist, der auf dem Söller eines prächtigen Palastes weilt, der die Genüsse aller fünf Sinne zum Besitz und zu eigen hat und es sich in ihnen wohl sein läßt – würde der wohl Lust haben, wieder in jene Grube voll Unrat hineinzugeraten?«

»Das würde er nicht, mein guter Kassapa.«

»Und weshalb nicht?«

»Die Unratsgrube ist unrein, Kassapa – unrein und als unrein bekannt, übelriechend und als übelriechend bekannt, ekelhaft und als ekelhaft bekannt, widerwärtig und als widerwärtig bekannt.«

»Ebenso, Fürst, sind nun den Göttern die Menschen unrein und als unrein bekannt ... widerwärtig und als widerwärtig bekannt. Auf hundert Meilen, Fürst, verjagt Menschengeruch die Götter. Wie sollten da deine Freunde und Genossen, Verwandten und Freunde, die sich des Mordes enthalten ... und die nach dem Zerbrechen ihres Leibes, jenseits des Todes den Heilsweg gegangen und in den Himmel gekommen sind, wiederkommen und dir melden: Es gibt ...? So mußt du auch auf Grund dieser Erwägung, Fürst, zu der Überzeugung kommen: Es gibt eine jenseitige Welt ...«

»Magst du gern so sprechen, mein guter Kassapa, ich bleibe doch bei meinem Glauben: ›es gibt keine ...‹«

(...)

»Wie wenn da ein Blindgeborener wäre, Fürst, der sähe nicht Schwarz, nicht Weiß, nicht Blau, nicht Gelb, nicht Rot, nicht Braun, nicht Glattes, nicht Rauhes, nicht Sterne, nicht Mond noch Sonne – wenn der nun sagen wollte: ›Es gibt nicht Schwarz, nicht Weiß; es gibt niemanden, der Schwarz und Weiß sieht ... es gibt nicht Mond noch Sonne; es gibt niemanden, der Mond und Sonne sieht. Ich kenne das nicht; ich sehe das nicht; darum ist es nicht‹: würde er, wenn er so spricht, Fürst, wohl die Wahrheit sprechen?«

»Das würde er nicht, mein guter Kassapa. Es gibt Schwarz und Weiß; es gibt solche, die Schwarz und Weiß sehen ... es gibt Mond und Sonne; es gibt solche, die Mond und Sonne sehen. Wer so spricht: ›Ich kenne das nicht; ich sehe das nicht; darum ist es nicht‹, der würde, mein guter Kassapa, nicht die Wahrheit sprechen.«

»So kommst du mir, Fürst, ich möchte sagen, wie ein Blindgeborener vor, wenn du zu mir sprichst: ›Wer sagt dir denn, Kassapa, daß es Tāvatiṃsagötter gibt oder daß die Tāvatiṃsagötter so langes Leben haben? Ich glaube es dir nicht, Kassapa, daß es Tāvatiṃsagötter gibt oder daß die Tāvatiṃsagötter so langes Leben haben.‹ Die jenseitige Welt aber, Fürst, kann nicht so, wie du es dir denkst, mit diesem fleischlichen Auge gesehen werden. Sondern die Asketen und Brahmanen, die in der Wildnis an waldentlegenen fernen Stätten ihren Sitz und ihr Lager haben, wohin kein Laut und kein Geräusch dringt und die dort unentwegt, in heißem Eifer, ihr Selbst dem Streben weihend verharren, die bereiten sich dort die Reinheit des göttlichen Auges: und mit dem göttlichen Auge, dem reinen, über Menschliches erhabenen, sehen sie diese Welt und die jenseitige Welt und die ungezeugten Wesen. So kann die jenseitige Welt gesehen werden, Fürst, nicht aber so wie du es dir denkst, mit diesem fleischlichen Auge ...«

(...)

»Da fassen, mein guter Kassapa, meine Leute einen Räuber, einen schweren Verbrecher und führen ihn mir vor: ›Das ist ein Räuber, Herr, ein schwerer Verbrecher. Verhänge über ihn Strafe nach deinem Ermessen.‹ Dann sage ich zu ihnen: ›So werft, meine Guten, diesen Mann lebendig in einen Kessel, verbindet dessen Öffnung, umwickelt ihn mit nassem Leder, bestreicht ihn dick mit nassem Ton, stellt ihn auf einen Ofen und zündet ein Feuer an.‹ Die sagen: ›Gut, das tun wir‹, werfen den Mann lebendig in einen Kessel ... und zünden ein Feuer an. Wenn wir dann merken, daß der Mann tot ist, nehmen wir den Kessel herunter, binden ihn los, tun die Öffnung auf und beobachten in aller Ruhe, ob wir wohl des Mannes Seele entweichen sehen. Aber wir sehen seine Seele nicht entweichen ...«

Da fragt Kassapa:

»Entsinnst du dich wohl, Fürst, daß du, wenn du deine Mittagsruhe hieltest, Träume gehabt hast, von schönen Gärten oder schönen Hainen oder schönem Land oder schönen Lotusteichen?«

»In der Tat entsinne ich mich, Kassapa, daß ich, wenn ich meine Mittagsruhe hielt, Träume gehabt habe von schönen Gärten und schönen Hainen.«

»Wachen dann nicht bei dir Wächterinnen: Bucklige, Zwerginnen und junge Mädchen?«

»Freilich, mein guter Kassapa, wachen dann bei mir Wächterinnen ...«

»Sehen die nun deine Seele kommen oder gehen?«

»Das sehen sie nicht, Kassapa.«

»So können also, Fürst, diese Lebenden deine Seele, der

du auch lebst, nicht kommen oder gehen sehn. Wie solltest du dann imstande sein, die Seele eines Gestorbenen kommen oder gehen zu sehen? ...«

(...)

»Da fassen, mein guter Kassapa, meine Leute einen Räuber, einen schweren Verbrecher... Dann sage ich zu ihnen: ›So wägt, meine Guten, diesen Mann lebend mit einer Waage, erdrosselt ihn dann mit einer Bogensehne und wägt ihn wieder mit der Waage. Die sagen: ›Gut, das wollen wir tun‹, wägen den Mann lebend mit einer Waage, erdrosseln ihn dann mit einer Bogensehne und wägen ihn wieder mit der Waage. Solange er nun lebt, ist er leichter, geschmeidiger und besser behandelbar. Wenn er aber tot ist, ist er schwerer, starrer und schlechter behandelbar. Auch das ist eine Erwägung...«

»Wenn ein Mann eine Eisenkugel, die einen Tag lang erhitzt, durchglüht, in feurigen, flammenden Zustand versetzt ist, mit einer Waage wägte und ebendieselbe später, wenn sie kalt und ihre Glut erloschen ist, mit der Waage wägte: wann ist diese Eisenkugel leichter, geschmeidiger, besser behandelbar? Wenn sie durchglüht, in feurigen, flammenden Zustand versetzt ist oder wenn sie kalt und ihre Glut erloschen ist?«

»Wenn diese Eisenkugel, mein guter Kassapa, vom Feuer durchdrungen, von Winden (Dämpfen) umgeben ist, durchglüht, in feurigen, flammenden Zustand versetzt, dann ist sie leichter, geschmeidiger, besser behandelbar. Wenn aber diese Eisenkugel nicht von Feuer durchdrungen, von Winden umgeben ist, wenn sie kalt und ihre Glut erloschen ist, dann ist sie schwerer, starrer und schlechter behandelbar.«

»Ebenso, Fürst, ist auch dieser Körper, wenn Lebenskraft in ihm wohnt und Wärme in ihm wohnt und Erkenntnis in ihm wohnt, leichter, geschmeidiger, besser behandelbar. Wenn aber in diesem Körper keine Lebenskraft wohnt und keine Wärme in ihm wohnt und keine Erkenntnis in ihm wohnt, dann ist er schwerer, starrer und schlechter behandelbar...«

»Da fassen, mein guter Kassapa, meine Leute einen Räuber, einen schweren Verbrecher... Dann sage ich zu ihnen: ›So bringt diesen Mann zu Tode, meine Guten, ohne seine Haut und sein Fell, sein Fleisch, seine Sehnen, seine Knochen, sein Mark zu beschädigen.‹ Die sagen: ›Gut, das wollen wir tun‹ und bringen den Mann zu Tode, ohne... zu beschädigen. Wenn er nun halb tot ist, sage ich zu ihnen: ›Legt diesen Mann auf seinen Rücken, ob wir wohl seine Seele entweichen sehen.‹ Dann legen sie den Mann auf den Rücken, aber seine Seele sehen wir nicht entweichen. Dann sage ich zu ihnen: ›Legt diesen Mann krumm... auf die Seite... auf die andere Seite... stellt ihn aufrecht hin... stellt ihn mit dem Kopf abwärts hin... schlagt ihn mit der Hand... werft ihn mit Erdklößen... schlagt ihn mit einem Stock... mit einem Schwert... schüttelt ihn hin und her... schüttelt ihn durch... schüttelt ihn aus, ob wir wohl seine Seele entweichen sehen.‹ Die schütteln den Mann hin und her, schütteln ihn durch, schütteln ihn aus; aber seine Seele sehen wir nicht entweichen. Sein Auge ist dasselbe wie früher, und ebenso sind es die sichtbaren Dinge, aber die Wahrnehmungen auf diesem Gebiet haben aufgehört. Sein Ohr ist dasselbe wie früher, und ebenso sind es die Töne... Seine Nase ist dieselbe wie früher, und ebenso sind es die Gerüche... Seine Zunge ist dieselbe wie früher, und ebenso sind es die schmerzbaren Dinge... Sein Leib ist derselbe wie früher, und ebenso sind es die berührbaren Dinge, aber die Wahrnehmungen auf diesem Gebiet haben aufgehört. Auch das ist eine Erwägung...«

Antwort wieder mit einem Gleichnis.

»Es war einmal ein Muschelbläser. Der nahm seine Muschel und ging in ein Land an der Grenze. Da kam er zu einem Dorf. Dort stellte er sich mitten ins Dorf hin, blies dreimal auf seiner Muschel, warf die Muschel auf die Erde und setzte sich daneben. Da dachten die Leute in jenem Lande: ›Woher kommt dieser Ton so reizend, so lieblich, so berauschend, so fesselnd, so sinnberückend?‹ Sie strömten zusammen und sprachen zu dem Muschelbläser: ›Sage uns, woher kommt dieser Ton ...?‹ ›Das ist diese Muschel, meine Guten, von der dieser Ton kommt ...‹ Da legten sie die Muschel auf ihre Unterseite und sprachen: ›Ertöne, liebe Muschel! Ertöne, liebe Muschel!‹ Aber die Muschel gab keinen Ton von sich. Da legten sie die Muschel krumm hin ... *(Es folgen die entsprechenden Prozeduren wie oben bei dem Hingerichteten.)* Aber die Muschel gab keinen Ton von sich. Da dachte der Muschelbläser: ›Wie dumm sind doch diese Leute im Land an der Grenze! Wie können sie auf so verkehrte Art nach dem Ton der Muschel suchen!‹ Da ergriff er vor ihren Augen die Muschel, blies auf ihr dreimal und ging mit ihr davon. Da sagten sich jene Leute in dem Land an der Grenze: ›Wenn bei solch einer Muschel, meine Guten, ein Mann dabei ist und Anstrengung angewandt und ein Luftzug hervorgebracht wird, dann gibt diese Muschel einen Ton. Wenn aber bei solch einer Muschel kein Mann dabei ist und keine Anstrengung angewandt und kein Luftzug hervorgebracht wird, dann gibt die Muschel keinen Ton? Ebenso, Fürst, steht es auch mit diesem Körper. Wenn Lebenskraft in ihm wohnt, dann geht und kommt er, er steht, sitzt, liegt; mit dem Auge sieht er das Sichtbare, mit dem Ohr hört er die Töne, mit der Nase riecht er die Gerüche, mit der Zunge schmeckt er den Geschmack, mit dem Leibe berührt er das Berührbare, mit dem Geist erkennt er die Gedanken. Wenn aber in diesem Körper keine Lebenskraft wohnt ...«

Rainer Maria Rilke

Das Märchen von den Händen Gottes

Neulich, am Morgen, begegnete mir die Frau Nachbarin. Wir begrüßten uns.

»Was für ein Herbst!« sagte sie nach einer Pause und blickte nach dem Himmel auf. Ich tat desgleichen. Der Morgen war allerdings sehr klar und köstlich für Oktober. Plötzlich fiel mir etwas ein: »Was für ein Herbst!« rief ich und schwenkte ein wenig mit den Händen. Und die Frau Nachbarin nickte beifällig. Ich sah ihr so einen Augenblick zu. Ihr gutes gesundes Gesicht ging so lieb auf und nieder. Es war recht hell, nur um die Lippen und an den Schläfen waren kleine schattige Falten. Woher sie das haben mag? Und da fragte ich ganz unversehens: »Und Ihre kleinen Mädchen?« Die Falten in ihrem Gesicht verschwanden eine Sekunde, zogen sich aber gleich, noch dunkler, zusammen. »Gesund sind sie, Gott sei Dank, aber –«; die Frau Nachbarin setzte sich in Bewegung, und ich schritt jetzt an ihrer Linken, wie es sich gehört. »Wissen Sie, sie sind jetzt beide in dem Alter, die Kinder, wo sie den ganzen Tag *fragen*. Was, den ganzen Tag, bis in die gerechte Nacht hinein.« »Ja,« murmelte ich, – »es gibt eine Zeit …« Sie aber ließ sich nicht stören: »Und nicht etwa: Wohin geht diese Pferdebahn? Wieviel Sterne gibt es? Und ist zehntausend mehr als viel? Noch ganz andere Sachen! Zum Beispiel: Spricht der liebe Gott auch chinesisch? und: Wie sieht der liebe Gott aus? Immer alles vom lieben Gott! Darüber weiß man doch nicht Bescheid –.« »Nein, allerdings,« stimmte ich bei, »man hat da gewisse Vermutungen …« »Oder von den Händen vom lieben Gott, was soll man da –«

Ich schaute der Nachbarin in die Augen: »Erlauben Sie,« sagte ich recht höflich, »Sie sagten zuletzt die Hände vom lieben Gott – nicht wahr?« Die Nachbarin nickte. Ich glaube, sie war ein wenig erstaunt. »Ja« – beeilte ich mich anzufügen, – »von den Händen ist mir allerdings einiges bekannt. Zufällig« – bemerkte ich rasch, als ich ihre Augen rund werden sah – »ganz zufällig – ich habe – – – nun,« schloß ich mit ziemlicher Entschiedenheit, »ich will Ihnen erzählen, was ich weiß. Wenn Sie einen Augenblick Zeit haben, ich begleite Sie bis zu Ihrem Hause, das wird gerade reichen.«

»Gerne,« sagte sie, als ich sie endlich zu Worte kommen ließ, immer noch erstaunt, »aber wollen Sie nicht vielleicht den Kindern selbst? ...« »Ich den Kindern selbst erzählen? Nein, liebe Frau, das geht nicht, das geht auf keinen Fall. Sehen Sie, ich werde gleich verlegen, wenn ich mit den Kindern sprechen muß. Das ist an sich nicht schlimm. Aber die Kinder könnten meine Verwirrung dahin deuten, daß ich mich lügen fühle ... Und da mir sehr viel an der Wahrhaftigkeit meiner Geschichte liegt – Sie können es den Kindern ja wiedererzählen; Sie treffen es ja gewiß auch viel besser. Sie werden es verknüpfen und ausschmücken, ich werde nur die einfachen Tatsachen in der kürzesten Form berichten. Ja?« »Gut, gut«, machte die Nachbarin zerstreut.

Ich dachte nach: »Im Anfang ...« aber ich unterbrach mich sofort. »Ich kann bei Ihnen, Frau Nachbarin, ja manches als bekannt voraussetzen, was ich den Kindern erst erzählen müßte. Zum Beispiel die Schöpfung ...« Es entstand eine ziemliche Pause. Dann: »Ja – – und am siebenten Tage ...«, die Stimme der guten Frau war hoch und spitzig. »Halt!« machte ich, »wir wollen doch auch der früheren Tage gedenken; denn gerade um diese handelt es sich. Also der liebe Gott begann, wie bekannt, seine Arbeit, indem er die Erde machte, diese vom Wasser unterschied und Licht befahl. Dann formte er in bewundernswerter Geschwindigkeit die Dinge, ich meine die großen wirklichen Dinge, als da sind: Felsen, Gebirge, einen Baum und nach diesem Muster viele Bäume.« Ich hörte hier schon eine Weile lang Schritte hinter uns, die uns nicht überholten und auch nicht zurückblieben. Das störte mich, und ich verwickelte mich in der Schöpfungsgeschichte, als ich folgendermaßen fortfuhr: »Man kann sich diese schnelle und erfolgreiche Tätigkeit nur begreiflich machen, wenn man annimmt, daß eben nach langem, tiefem Nachdenken alles in seinem Kopfe ganz fertig war, ehe er...« Da endlich waren die Schritte neben uns, und eine nicht gerade angenehme Stimme klebte an uns: »O, Sie sprechen wohl von Herrn Schmidt, verzeihen Sie...« Ich sah ärgerlich nach der Hinzugekommenen, die Frau Nachbarin aber geriet in große Verlegenheit: »Hm,« hustete sie, »nein – das heißt – ja, – wir sprachen gerade, gewissermaßen –« »Was für ein Herbst«, sagte auf einmal die andere Frau, als ob nichts geschehen wäre, und ihr rotes, kleines Gesicht glänzte. »Ja« – hörte ich meine Nachbarin antworten: »Sie haben recht, Frau Hüpfer, ein selten schöner Herbst!« Dann trennten sich die Frauen. Frau Hüpfer kicherte noch: »Und grüßen Sie mir die Kinderchen.« Meine gute Nachbarin achtete nicht mehr darauf; sie war doch neugierig, meine Geschichte zu erfahren. Ich aber behauptete mit unbegreiflicher Härte: »Ja jetzt weiß ich nicht mehr, wo wir stehengeblieben sind.« »Sie sagten eben etwas von seinem Kopfe, das heißt –«, die Frau Nachbarin wurde ganz rot.

Sie tat mir aufrichtig leid, und so erzählte ich schnell: »Ja sehen Sie also, solange nur die Dinge gemacht waren, hatte der liebe Gott nicht notwendig, beständig auf die Erde herunterzuschauen. Es konnte sich ja nichts dort begeben. Der

Wind ging allerdings schon über die Berge, welche den Wolken, die er schon seit lange kannte, so ähnlich waren, aber den Wipfeln der Bäume wich er noch mit einem gewissen Mißtrauen aus. Und das war dem lieben Gott sehr recht. Die Dinge hat er sozusagen im Schlafe gemacht; allein schon bei den Tieren fing die Arbeit an, ihm interessant zu werden; er neigte sich darüber und zog nur selten die breiten Brauen hoch, um einen Blick auf die Erde zu werfen. Er vergaß sie vollends, als er den Menschen formte. Ich weiß nicht, bei welchem komplizierten Teil des Körpers er gerade angelangt war, als es um ihn rauschte von Flügeln. Ein Engel eilte vorüber und sang: ›Der du alles siehst ...‹

Der liebe Gott erschrak. Er hatte den Engel in Sünde gebracht, denn eben hatte dieser eine Lüge gesungen. Rasch schaute Gottvater hinunter. Und freilich, da hatte sich schon irgend etwas ereignet, was kaum gutzumachen war. Ein kleiner Vogel irrte, als ob er Angst hätte, über die Erde hin und her, und der liebe Gott war nicht imstande, ihm heimzuhelfen, denn er hatte nicht gesehen, aus welchem Walde das arme Tier gekommen war. Er wurde ganz ärgerlich und sagte: ›Die Vögel haben sitzenzubleiben, wo ich sie hingesetzt habe.‹ Aber er erinnerte sich, daß er ihnen auf Fürbitte der Engel Flügel verliehen hatte, damit es auch auf Erden so etwas wie Engel gäbe, und dieser Umstand machte ihn nur noch verdrießlicher. Nun ist gegen solche Zustände des Gemütes nichts so heilsam wie Arbeit. Und mit dem Bau des Menschen beschäftigt, wurde Gott auch rasch wieder froh. Er hatte die Augen der Engel wie Spiegel vor sich, maß darin seine eigenen Züge und bildete langsam und vorsichtig an einer Kugel auf seinem Schoße das erste Gesicht. Die Stirne war ihm gelungen. Viel schwerer wurde es ihm, die beiden Nasenlöcher symmetrisch zu machen. Er bückte sich immer mehr darüber, bis es wieder wehte über ihm; er schaute auf. Derselbe Engel umkreiste ihn; man hörte diesmal keine Hymne, denn in seiner Lüge war dem Knaben die Stimme erloschen, aber an seinem Mund erkannte Gott, daß er immer noch sang: ›Der du alles siehst.‹ Zugleich trat der heilige Nikolaus, der bei Gott in besonderer Achtung steht, an ihn heran und sagte durch seinen großen Bart hindurch: ›Deine Löwen sitzen ruhig, sie sind recht hochmütige Geschöpfe, das muß ich sagen! Aber ein kleiner Hund läuft ganz am Rande der Erde herum, ein Terrier, siehst du, er wird gleich hinunterfallen.‹ Und wirklich merkte der liebe Gott etwas Heiteres, Weißes, wie ein kleines Licht hin und her tanzen in der Gegend von Skandinavien, wo es schon so furchtbar rund ist. Und er wurde recht bös und warf dem heiligen Nikolaus vor, wenn ihm seine Löwen nicht recht seien, so solle er versuchen, auch welche zu machen. Worauf der heilige Nikolaus aus dem Himmel ging und die Türe zuschlug, daß ein Stern herunterfiel, gerade dem Terrier auf den Kopf. Jetzt war das Unglück vollständig, und der liebe Gott mußte sich eingestehen, daß er ganz allein an allem schuld sei, und beschloß, nicht mehr den Blick von der Erde zu rühren. Und so geschah's. Er überließ seinen Händen, welche ja auch weise sind, die Arbeit, und obwohl er recht neugierig war, zu erfahren, wie der Mensch wohl aussehen mochte, starrte er unablässig auf die Erde hinab, auf welcher sich jetzt, wie zum Trotz, nicht ein Blättchen regen wollte. Um doch wenigstens eine kleine Freude zu haben nach aller Plage, hatte er seinen Händen befohlen, ihm den Menschen erst zu zeigen, ehe sie ihn dem Leben ausliefern würden. Wiederholt fragte er, wie Kinder, wenn sie Verstecken spielen: ›Schon?‹ Aber er hörte als Antwort das Kneten seiner Hände und wartete. Es erschien ihm sehr lange. Da auf einmal sah er etwas durch den Raum fallen, dunkel und in der Richtung, als ob es aus seiner Nähe käme. Von einer bösen Ahnung erfüllt, rief er seine Hände. Sie erschienen ganz von Lehm befleckt, heiß und zitternd. ›Wo ist der Mensch?‹ schrie er sie an. Da fuhr die Rechte auf die Linke los: ›Du hast ihn losgelassen!‹ ›Bitte,‹ sagte die Linke gereizt, ›du wolltest ja alles allein machen, mich ließest du ja überhaupt gar nicht mitreden.‹ ›Du hättest ihn eben halten müssen!‹ Und die Rechte holte aus. Dann aber besann sie sich, und beide Hände sagten einander überholend: ›Er war so ungeduldig, der Mensch. Er wollte immer schon leben. Wir können beide nichts dafür, gewiß, wir sind beide unschuldig.‹

Der liebe Gott aber war ernstlich böse. Er drängte beide Hände fort; denn sie verstellten ihm die Aussicht über die Erde: ›Ich kenne euch nicht mehr, macht, was ihr wollt.‹ Das versuchten die Hände auch seither, aber sie können nur beginnen, was sie auch tun. Ohne Gott gibt es keine Vollendung. Und da sind sie es endlich müde geworden. Jetzt knien sie den ganzen Tag und tun Buße, so erzählt man wenigstens. Uns aber erscheint es, als ob Gott ruhte, weil er auf seine Hände böse ist. Es ist immer noch siebenter Tag.«

Ich schwieg einen Augenblick. Das benützte die Frau Nachbarin sehr vernünftig: »Und Sie glauben, daß nie wieder eine Versöhnung zustande kommt?« »O doch,« sagte ich, »ich hoffe es wenigstens.«

»Und wann sollte das sein?«

»Nun, bis Gott wissen wird, wie der Mensch, den die Hände gegen seinen Willen losgelassen haben, aussieht.«

Die Frau Nachbarin dachte nach, dann lachte sie: »Aber dazu hätte er doch bloß heruntersehen müssen ...« »Verzeihen Sie,« sagte ich artig, »Ihre Bemerkung zeugt von Scharfsinn, aber meine Geschichte ist noch nicht zu Ende. Also, als die Hände beiseitegetreten waren und Gott die Erde wieder überschaute, da war eben wieder eine Minute, oder sagen wir ein Jahrtausend, was ja bekanntlich dasselbe ist, vergangen. Statt eines Menschen gab es schon eine Million. Aber sie waren alle schon in Kleidern. Und da die Mode damals gerade sehr häßlich war und auch die Gesichter arg entstellte, so bekam Gott einen ganz falschen und (ich will es nicht verhehlen) sehr schlechten Begriff von den Menschen.« »Hm«, machte die Nachbarin und wollte etwas bemerken. Ich beachtete es nicht, sondern schloß mit starker Betonung: »Und darum ist es dringend notwendig, daß Gott erfährt, wie der Mensch wirklich ist. Freuen wir uns, daß es solche gibt, die es ihm sagen ...« Die Frau Nachbarin freute sich noch nicht: »Und wer sollte das sein, bitte?« »Einfach die Kinder und dann und wann auch diejenigen Leute, welche malen, Gedichte schreiben, bauen ...« »Was denn bauen, Kirchen?« »Ja, und auch sonst, überhaupt ...«

Die Frau Nachbarin schüttelte langsam den Kopf. Manches erschien ihr doch recht verwunderlich. Wir waren schon über ihr Haus hinausgegangen und kehrten jetzt langsam um. Plötzlich wurde sie sehr lustig und lachte: »Aber, was für ein Unsinn, Gott ist doch auch allwissend. Er hätte ja genau wissen müssen, woher zum Beispiel der kleine Vogel gekommen ist.« Sie sah mich triumphierend an. Ich war ein bißchen verwirrt, ich muß gestehen. Aber als ich mich gefaßt hatte, gelang es mir, ein überaus ernstes Gesicht zu machen: »Liebe Frau,« belehrte ich sie, »das ist eigentlich eine Geschichte für sich. Damit Sie aber nicht glauben, das sei nur eine Ausrede von mir (sie verwahrte sich nun natürlich heftig dagegen), will ich Ihnen in Kürze sagen: Gott hat alle Eigenschaften, natürlich. Aber ehe er in die Lage kam, sie auf die Welt – gleichsam – anzuwenden, erschienen sie ihm alle wie eine einzige große Kraft. Ich weiß nicht, ob ich mich deutlich ausdrücke. Aber angesichts der Dinge spezialisierten sich seine Fähigkeiten und wurden bis zu einem gewissen Grade:

Pflichten. Er hatte Mühe, sich alle zu merken. Es gibt eben Konflikte. (Nebenbei: das alles sage ich nur Ihnen, und Sie müssen es den Kindern keineswegs wiedererzählen.)« »Wo denken Sie hin«, beteuerte meine Zuhörerin.

»Sehen Sie, wäre ein Engel vorübergeflogen, singend: ›Der du alles *weißt*‹, so wäre alles gut geworden ...«

»Und diese Geschichte wäre überflüssig?«

»Gewiß«, bestätigte ich. Und ich wollte mich verabschieden. »Aber wissen Sie das alles auch ganz bestimmt?« »Ich weiß es ganz bestimmt«, erwiderte ich fast feierlich. »Da werde ich den Kindern heute zu erzählen haben!« »Ich würde es gerne anhören dürfen. Leben Sie wohl.« »Leben Sie wohl«, antwortete sie.

Dann kehrte sie nochmals zurück: »Aber weshalb ist gerade dieser Engel ...« »Frau Nachbarin,« sagte ich, indem ich sie unterbrach, »ich merke jetzt, daß Ihre beiden lieben Mädchen gar nicht deshalb so viel fragen, weil sie Kinder sind –« »Sondern?« fragte meine Nachbarin neugierig. »Nun, die Ärzte sagen, es gibt gewisse Vererbungen ...« Meine Frau Nachbarin drohte mir mit dem Finger. Aber wir schieden dennoch als gute Freunde.

Blaise Pascal

Erkenntnis Gottes

... Es ist kein Zweifel, daß es kein Gut gibt ohne die Erkenntnis Gottes, daß man in dem Maße glücklich ist, in dem man sich ihr nähert, und daß es das letzte Glück ist, ihn mit Gewißheit zu erkennen, daß man in dem Maße unglücklich ist, in dem man sich davon entfernt, und daß das äußerste Unglück die Gewißheit vom Gegenteil wäre. Es ist also ein Unglück, zu zweifeln, aber es ist eine unerläßliche Pflicht, in diesem Zweifel zu suchen; und so ist der, der zweifelt und nicht sucht, beides zusammen, unglücklich und ungerecht; wenn er dabei heiter und anmaßend ist, so habe ich keinen Begriff, um ein so überspanntes Geschöpf zu bezeichnen ...

Friedrich Nietzsche

Ausser Dienst

Nicht lange aber, nachdem Zarathustra sich von dem Zauberer losgemacht hatte, sahe er wiederum Jemanden am Wege sitzen, den er gieng, nämlich einen schwarzen langen Mann mit einem hageren Bleichgesicht: *der* verdross ihn gewaltig. »Wehe, sprach er zu seinem Herzen, da sitzt vermummte Trübsal, das dünkt mich von der Art der Priester: was wollen *die* in meinem Reiche?

Wie! Kaum bin ich jenem Zauberer entronnen: muss mir da wieder ein anderer Schwarzkünstler über den Weg laufen, –

– irgend ein Hexenmeister mit Handauflegen, ein dunkler Wunderthäter von Gottes Gnaden, ein gesalbter Welt-Verleumder, den der Teufel holen möge!

Aber der Teufel ist nie am Platze, wo er am Platze wäre: immer kommt er zu spät, dieser vermaledeite Zwerg und Klumpfuss!« –

Also fluchte Zarathustra ungeduldig in seinem Herzen und gedachte, wie er abgewandten Blicks an dem schwarzen Manne vorüberschlüpfe: aber siehe, es kam anders. Im gleichen Augenblicke nämlich hatte ihn schon der Sitzende erblickt; und nicht unähnlich einem Solchen, dem ein unvermuthetes Glück zustösst, sprang er auf und gieng auf Zarathustra los.

»Wer du auch bist, du Wandersmann«, sprach er, »hilf einem Verirrten, einem Suchenden, einem alten Manne, der hier leicht zu Schaden kommt!

Diese Welt hier ist mir fremd und fern, auch hörte ich wilde Thiere heulen; und Der, welcher mir hätte Schutz bieten können, der ist selber nicht mehr.

Ich suchte den letzten frommen Menschen, einen Heiligen und Einsiedler, der allein in seinem Walde noch Nichts davon gehört hatte, was alle Welt heute weiss.«

»Was weiss heute alle Welt? fragte Zarathustra. Etwa dies, dass der alte Gott nicht mehr lebt, an den alle Welt einst geglaubt hat?«

»Du sagst es, antwortete der alte Mann betrübt. Und ich diente diesem alten Gotte bis zu seiner letzten Stunde.

Nun aber bin ich ausser Dienst, ohne Herrn, und doch nicht frei, auch keine Stunde mehr lustig, es sei denn in Erinnerungen.

Dazu stieg ich in diese Berge, dass ich endlich wieder ein Fest mir machte, wie es einem alten Papste und Kirchen-Vater zukommt: denn wisse, ich bin der letzte Papst! – ein Fest frommer Erinnerungen und Gottesdienste.

Nun aber ist er selber todt, der frömmste Mensch, jener Heilige im Walde, der seinen Gott beständig mit Singen und Brummen lobte.

Ihn selber fand ich nicht mehr, als ich seine Hütte fand, – wohl aber zwei Wölfe darin, welche um seinen Tod heulten – denn alle Thiere liebten ihn. Da lief ich davon.

Kam ich also umsonst in diese Wälder und Berge? Da entschloss sich mein Herz, dass ich einen Anderen suchte, den Frömmsten aller Derer, die nicht an Gott glauben –, dass ich Zarathustra suchte!«

Also sprach der Greis und blickte scharfen Auges Den an, welcher vor ihm stand; Zarathustra aber ergriff die Hand des alten Papstes und betrachtete sie lange mit Bewunderung.

»Siehe da, du Ehrwürdiger, sagte er dann, welche schöne und lange Hand! Das ist die Hand eines Solchen, der immer Segen ausgetheilt hat. Nun aber hält sie Den fest, welchen du suchst, mich, Zarathustra.

Ich bin's, der gottlose Zarathustra, der da spricht: wer ist gottloser als ich, dass ich mich seiner Unterweisung freue?« –

Also sprach Zarathustra und durchbohrte mit seinen Blicken die Gedanken und Hintergedanken des alten Papstes. Endlich begann dieser:

»Wer ihn am meisten liebte und besass, der hat ihn nun am meisten auch verloren –:

– siehe, ich selber bin wohl von uns Beiden jetzt der Gottlosere? Aber wer könnte daran sich freuen!« –

– »Du dientest ihm bis zuletzt, fragte Zarathustra nachdenklich, nach einem tiefen Schweigen, du weisst, *wie* er starb? Ist es wahr, was man spricht, dass ihn das Mitleiden erwürgte,

– dass er es sah, wie *der Mensch* am Kreuze hieng, und es nicht ertrug, dass die Liebe zum Menschen seine Hölle und zuletzt sein Tod wurde?« – –

Der alte Papst aber antwortete nicht, sondern blickte scheu und mit einem schmerzlichen und düsteren Ausdrukke zur Seite.

»Lass ihn fahren, sagte Zarathustra nach einem langen Nachdenken, indem er immer noch dem alten Manne gerade in's Auge blickte.

Lass ihn fahren, er ist dahin. Und ob es dich auch ehrt, dass du diesem Todten nur Gutes nachredest, so weisst du so gut als ich, *wer* er war; und dass er wunderliche Wege gieng.«

»Unter drei Augen gesprochen, sagte erheitert der alte Papst (denn er war auf Einem Auge blind), in Dingen Gottes bin ich aufgeklärter als Zarathustra selber – und darf es sein.

Meine Liebe diente ihm lange Jahre, mein Wille gieng allem seinen Willen nach. Ein guter Diener aber weiss Alles, und Mancherlei auch, was sein Herr sich selbst verbirgt.

Es war ein verborgener Gott, voller Heimlichkeit. Wahrlich zu einem Sohne sogar kam er nicht anders als auf Schleichwegen. An der Thür seines Glaubens steht der Ehebruch.

Wer ihn als einen Gott der Liebe preist, denkt nicht hoch genug von der Liebe selber. Wollte dieser Gott nicht auch Richter sein? Aber der Liebende liebt jenseits von Lohn und Vergeltung.

Als er jung war, dieser Gott aus dem Morgenlande, da war er hart und rachsüchtig und erbaute sich eine Hölle zum Ergötzen seiner Lieblinge.

Endlich aber wurde er alt und weich und mürbe und mitleidig, einem Grossvater ähnlicher als einem Vater, am ähnlichsten aber einer wackeligen alten Grossmutter.

Da sass er, welk, in seinem Ofenwinkel, härmte sich ob seiner schwachen Beine, weltmüde, willensmüde, und erstickte eines Tags an seinem allzugrossen Mitleiden.« – –

»Du alter Papst, sagte hier Zarathustra dazwischen, hast du *Das* mit Augen angesehn? Es könnte wohl so abgegangen sein: so, *und* auch anders. Wenn Götter sterben, sterben sie immer viele Arten Todes.

Aber wohlan! So oder so, so und so – er ist dahin! Er gieng meinen Ohren und Augen wider den Geschmack, Schlimmeres möchte ich ihm nicht nachsagen.

Ich liebe Alles, was hell blickt und redlich redet. Aber er – du weisst es ja, du alter Priester, es war Etwas von deiner Art an ihm, von Priester-Art – er war vieldeutig.

Er war auch undeutlich. Was hat er uns darob gezürnt, dieser Zornschnauber, dass wir ihn schlecht verstünden! Aber warum sprach er nicht reinlicher?

Und lag es an unsern Ohren, warum gab er uns Ohren, die ihn schlecht hörten? War Schlamm in unsern Ohren, wohlan! wer legte ihn hinein?

Zu Vieles missrieth ihm, diesem Töpfer, der nicht ausgelernt hatte! Dass er aber Rache an seinen Töpfen und Geschöpfen nahm, dafür dass sie ihm schlecht geriethen, – das war eine Sünde wider den *guten Geschmack*.

Es giebt auch in der Frömmigkeit guten Geschmack: *der* sprach endlich »Fort mit einem *solchen* Gotte! Lieber keinen Gott, lieber auf eigne Faust Schicksal machen, lieber Narr sein, lieber selber Gott sein!«

– »Was höre ich! sprach hier der alte Papst mit gespitzten Ohren; oh Zarathustra, du bist frömmer als du glaubst, mit einem solchen Unglauben! Irgend ein Gott in dir bekehrte dich zu deiner Gottlosigkeit.

Ist es nicht deine Frömmigkeit selber, die dich nicht mehr an einen Gott glauben lässt? Und deine übergrosse Redlichkeit wird dich auch noch jenseits von Gut und Böse wegführen!

Siehe doch, was blieb dir aufgespart? Du hast Augen und Hand und Mund, die sind zum Segnen vorher bestimmt seit Ewigkeit. Man segnet nicht mit der Hand allein.

In deiner Nähe, ob du schon der Gottloseste sein willst, wittere ich einen heimlichen Weih- und Wohlgeruch von langen Segnungen: mir wird wohl und wehe dabei.

Lass mich deinen Gast sein, oh Zarathustra, für eine einzige Nacht! Nirgends auf Erden wird es mir jetzt wohler als bei dir!« –

»Amen! So soll es sein! sprach Zarathustra mit grosser Verwunderung, dort hinauf führt der Weg, da liegt die Höhle Zarathustra's.

Gerne, fürwahr, würde ich dich selber dahin geleiten, du Ehrwürdiger, denn ich liebe alle frommen Menschen. Aber jetzt ruft mich eilig ein Nothschrei weg von dir.

In meinem Bereiche soll mir Niemand zu Schaden kommen; meine Höhle ist ein guter Hafen. Und am liebsten möchte ich jedweden Traurigen wieder auf festes Land und feste Beine stellen.

Wer aber nähme dir *deine* Schwermuth von der Schulter? Dazu bin ich zu schwach. Lange, wahrlich, möchten wir warten, bis dir Einer deinen Gott wieder aufweckt.

Dieser alte Gott nämlich lebt nicht mehr: der ist gründlich todt.« –

Also sprach Zarathustra.

Dschuang Dsi

Das Dao von Himmel und Erde

Sich auf einen Wandel nach starren Grundsätzen etwas zugute halten, sich von der Welt absondern und alles anders machen als die andern, hohe Reden führen und bitteres Urteil fällen: das ist der Menschenhass. So lieben es die Weisen in den Bergklüften, die die Welt verurteilen, die einsam wie ein kahler Baum an tiefem Abgrund stehen.

Von Liebe reden und Pflicht, von Treu und Glauben, von Ehrfurcht und Mäßigkeit, Bescheidenheit und Gefälligkeit: das ist die Moral. So lieben es die Weisen, die die Welt zur Ruhe bringen wollen und Buße verkündigen, die Wanderprediger und Lernbeflissenen.

Von großen Werken reden, sich einen großen Namen machen, die Formen festlegen im Verkehr von Fürst und Diener, das Verhältnis ordnen zwischen Vorgesetzten und Untergebenen: das ist die Politik. So lieben es die Weisen an den Höfen, die ihren Herrn ehren und ihren Staat stark machen wollen und ihre Arbeit darauf richten, andere Staaten zu annektieren.

Sich an Sümpfe und Seen zurückziehen, in einsamen Gefilden weilen, Fische angeln und müßig sein: das ist der Quietismus. So lieben es die Weisen an Fluss und Meer, die sich von der Welt zurückgezogen haben und in freier Muße leben.

Schnauben und den Mund aufsperren, ausatmen und einatmen, die alte Luft ausstoßen und die neue einziehen, sich recken wie ein Bär und strecken wie ein Vogel: das ist die Kunst, das Leben zu verlängern. So lieben es die Weisen, die

Atemübungen treiben und ihren Körper pflegen, um alt zu werden wie der Vater Peng [der chinesische Methusalem].

Aber ohne starre Grundsätze erhaben sein, ohne die Betonung von Liebe und Pflicht Moral haben, ohne Werke und Ruhm Ordnung schaffen, ohne in die Einsamkeit zu gehen Muße finden, ohne Atemübungen hohes Alter erreichen, alles vergessen und alles besitzen in unendlicher Gelassenheit und dabei doch alles Schöne im Gefolge haben: das ist das Dao von Himmel und Erde, die Wirkkraft des berufenen Heiligen.

Darum heißt es: Ruhe, Schmacklosigkeit, Gelassenheit, Versinken, Leere, Nichtsein, Nichttun: das ist das Gleichgewicht von Himmel und Erde, und das Wesen des Dao ist Einigung mit der himmlischen Wirkkraft.

Hanna Johansen
Wer trägt das Gewicht der Welt?

Ob die Säulen, die Erde und Himmel auseinanderhalten, wirklich auf eines starken Mannes Schultern ruhen, wer wollte darüber ein endgültiges Urteil abgeben? Bis heute hat zwar das Hereinbrechen des Himmels nur in Gestalt von vereinzelten Sternbrocken stattgefunden, welche mit Funkenschauern, Leuchtwolken und Lichtausbrüchen zu uns herunterstürzen, aber wir wissen wohl doch zu wenig, um über die Zukunft Verläßliches zu sagen. Denn, um ehrlich zu sein, wir wissen nicht einmal zu erklären, warum diese Sternbrocken sich zu uns auf die Erde heruntergezogen fühlen. Wenn aber doch Atlas es sein sollte, der uns vor einem Absturz des Himmels bewahrt, wer schützt unsere Erde davor, ins Bodenlose sich zu verlieren?

So fragt der Mensch, denn er ist das Tier, das Fragen stellt. Seine besondere Vorliebe galt dabei von Anfang an jenen Fragen, die weder er noch seine Frau beantworten konnten. Zunächst legte der Mensch seinen Göttern die Lösung der Rätsel in die Hand und gab sich folglich mit den Antworten so zufrieden, wie sie ihm mitgeteilt wurden. Und wenn die Götter sagten, die Erde sei eine Insel im Feuermeer und die Sonne habe die Größe einer Orange oder eines Septemberkürbis, dann war das in Ordnung. Nun liegt wohl auf der Hand, daß das nicht lange so bleiben konnte. Der Mensch fand heraus, daß die entfernten Dinge größer sind, als wir denken, und die nahen kleiner, als wir uns vorstellen können, und das war der Anfang des Zweifels.

Der schon erwähnte Mensch ist gern weise und berühmt,

und wenn es ihm gelänge, ein Rätsel wie das vom ursprünglichen Halt der Welt zu lösen, könnte er gewissermaßen beide Fliegen mit einer Klappe schlagen. Er begann zu überlegen, ob Atlas wirklich in Afrika zu Stein geworden sei oder ob er nicht vielmehr das Gewicht des Himmels an einen Dummen weitergegeben habe, um selber das Gewicht der Welt und damit eine verantwortungsvollere Aufgabe auf sich zu nehmen. Das wäre ein bemerkenswerter Gedanke, würde er nicht besagen, daß einer, der das Gewicht der Welt in seinen Händen hält, sich auf nichts als den leeren Raum stützt, und das konnte der Mensch zu jener Zeit sich schon nicht mehr vorstellen.

Wer deshalb annahm, Atlas stehe wie alles Große auf einer Säule, sah sich der nächsten Frage gegenüber, wer es denn war, der diese Säule trug. Denkbar war, daß die Erde wie eine Nuß auf einem Floß lag, welches auf dem Ozean alles Seienden schwamm. Denkbar war es. Aber war es deswegen die Wahrheit?

Denkbar war auch, daß die Erde, wie die einen sagten, in sich selber ruhte oder, wie andere zu beweisen suchten, auf dem Rücken eines Elefanten. Beides und vieles andere, das die Wahrheit hätte sein können, erwies sich als denkbar.

Der Mensch, wie gesagt, ist gern weise und berühmt, und das hat manchen dazu gebracht, Tag und Nacht zu denken und sich, da die Zeit zu schnell verging, zu wünschen, es möchten die Tage und Nächte länger werden, um mehr Zeit zum Denken zu haben. Nun sind vierundzwanzig Stunden eine lange Zeit, aber auch vierundzwanzig Stunden reichten nicht aus, um so schwierige Fragen zu beantworten, wie der Mensch sie stellt.

Die Männer sahen zum Himmel und sagten: Ist es möglich, daß all das so ist, wie es aussieht, oder ist es nicht vielmehr ganz anders? Antworten auf diese Fragen waren so schwer zu finden, daß der arme Kopf, den ihnen ihre Mütter mit auf den Weg gegeben hatten, oft nicht ausreichte und sie sich sehnlich einen zweiten wünschten, um doch auch die andere Seite, die jedes Ding bekanntlich hat, besser sehen zu können und dann vielleicht auch herauszufinden, warum etwas ist, wie es ist, vorausgesetzt daß es ist, wie es ist. Wünsche, wer wüßte das nicht, werden gelegentlich erfüllt. Und so geschah es, daß man hin und wieder einen Mann mit zwei Köpfen umhergehen sah. Zu Anfang sah das sehr ungewöhnlich aus, und wer nur einen Kopf hatte, schüttelte ihn. Nach ein paar Wochen aber begann man sich daran zu gewöhnen, und wer zwei Köpfe hatte, fiel nicht mehr auf als einer, der einen zweifarbigen Rock trug. Es war allerdings etwas teurer, denn zwei Köpfe brauchen zwei Hüte, aber wer zwei Köpfe hat, kann auch für zwei verdienen. Es konnte außerdem etwas unbequem werden. Man brauchte, wenn man das Glück hatte, älter zu werden, zwei Brillen. Und daß man Zahnweh nun nicht nur an einem, sondern an zwei Köpfen haben konnte, brachte manchen dazu, sich die alte Zeit mit nur einem Kopf zurückzuwünschen. Von all dem übrigen Ärger, den der Mensch mit seinem Kopf haben kann, soll hier nicht die Rede sein. Wer sich hinsetzt, um ein Buch zu lesen, wird mehr als genug davon aus eigener Erfahrung kennen und dankbar sein, in dieser Geschichte nicht daran erinnert zu werden. Mit der Zeit war es nichts Ungewöhnliches mehr, zwei Köpfe zu haben, und so gab es bald einige Männer, welche, um ihre Weisheit und ihren Ruhm zu mehren, mit drei Köpfen herumzugehen begannen. Sie fragten sich, ob all das, was ist, wie auch immer es ist, wirklich ist, oder ob auch möglich ist, daß es nicht ist. Und wenn es nicht ist, was ist dann? Eine schwierige Frage. Das heißt, mehr Köpfe wurden nötig.

Es soll, das möchte ich doch einfügen, hier nicht der Eindruck erweckt werden, als sei das Nachdenken über ungelöste Fragen eine Männersache gewesen. Das war es keineswegs. Nur fiel bei den Frauen das Denken weniger auf, weil ihnen ein einziger Kopf genügte und sie mit nur zwei Augen die Dinge von verschiedenen Seiten zu betrachten verstanden. Das war weniger erstaunlich, als es klingt, weil sie mit diesem Kopf ohnehin immer vielerlei gleichzeitig zu tun gewohnt waren. Sie grübelten beim Karottenschälen, entwickelten Theorien, wenn sie die alten Jacken flickten, und erklärten die Welt, während sie Kindern Schlaflieder sangen. Vielleicht konnten sie es auch besser als ihre Männer ertragen, wenn eine Frage, die ihnen im Kopf herumging, sich nicht oder noch nicht beantworten ließ. Sie waren nicht darauf angewiesen, unbedingt eine Lösung bei der Hand zu haben, so daß sie kaum je zu Antworten Zuflucht nahmen, die sie nicht wirklich überzeugten. Beispielsweise hatten sie zu oft selbst erlebt, wo die kleinen Mädchen herkommen, als daß sie hätten glauben können, diese würden, wie es damals die Männer erzählten, aus der Rippe eines einsamen Mannes gefertigt. Sie mußten sich zuweilen von ihren Männern Phantasielosigkeit vorwerfen lassen, wenn sie wieder einmal eine einfache Erklärung einer komplizierten vorzogen. Andererseits waren sie aber selten bereit, allzu einfache Antworten auf komplizierte Fragen hinzunehmen, wie es oft geschieht, wenn man in Krisenzeiten meint, es sei Zeit zu handeln. Doch das nur nebenbei.

In jenen Zeiten waren es, und das soll hier nicht verschwiegen werden, nicht allein Weisheit und Ruhm, nach denen der Mensch strebte. Er wollte auch Macht über andere ausüben, und was immer er mit dem menschlichen Kopf anstellte, hatte auch diesem Zweck zu dienen. Das Sprichwort »Ein Mann ohne Kopf ist ein Mann ohne Macht« gibt nur sehr unvollständig wieder, was wirklich gemeint war. Vor allem bedeutete es nicht, daß einem, der mehr Köpfe auf dem Hals hatte, auch mehr Macht zukam.

Darum zeitigte die bloß zahlenmäßige, gleichsam additive Mehrung des Denkvermögens denn auch keineswegs mehr Weisheit, so daß der Besitz mehrerer Köpfe schon bald unter Eingeweihten eher als ein Anzeichen von Dummheit galt. Die Verunsicherung unter jenen, die das Beste aus ihrem Leben machen wollten, war unbeschreiblich. Man suchte nach Lebensweisen, die sich bei anderen bewährt hatten, um sie dann nachzuahmen oder aber gerade nicht nachzuahmen. Man hoffte, mit den Köpfen anderer Leute besser zu leben als mit dem eigenen. Man trug Köpfe von immer neuer Art. Man trug, was noch niemand getragen hatte, oder man trug überhaupt nichts. Unterdessen blieben alle die Fragen, die man für wesentlich hielt, ungelöst, und nur langsam sprach sich herum, daß es längst wieder Mode war, nur einen Kopf zu haben und alle anfallenden Arbeiten mit ihm zu erledigen. Man trachtete nicht mehr danach, einander die Köpfe abzujagen.

Auch das trug wenig bei zur Beantwortung dessen, was man inzwischen die Grundfragen des Seins zu nennen sich angewöhnt hatte. Die Vorstellung, unsere Erde ruhe auf dem Rücken eines Elefanten, hatte im Gegensatz zu der vom starken Mann in dem Augenblick an Glaubwürdigkeit gewonnen, als sie durch die Erklärung ergänzt wurde, dieser Elefant, da ja auch er auf etwas ruhen müsse, stehe auf dem Panzer einer Schildkröte, die Schildkröte wiederum stehe auf einem Ei.

In all den Jahren, die seither vergangen sind, wurden unablässig Fragen beantwortet, was die Zahl der offenen Fragen, statt sie zu vermindern, bekanntlich nur mehrt. Sogar die Feststellung, daß diese Jahre vergangen sind, gilt heute als fragwürdig. Man hält das Gegenteil zwar für unmöglich, kann es aber nicht beweisen. Und ob die Welt nun eine Kugel ist, welche die Mutter aller Dinge lächelnd von einer Hand in die andere rollen läßt, oder ob wir sie uns als ein in ferner Vergangenheit aufgezogenes und seither in seiner Unerbittlichkeit freundlich oder gleichgültig ablaufendes Uhrwerk vorstellen müssen, dessen Räderwerk das unbegreifliche Klappern in unseren Ohren verursacht, ist ebenso unbewiesen wie die Vermutung, daß sie nichts ist als der Traum eines Wesens, welches sich selbst, weil es träumt, nicht benennen, beschreiben und erkennen kann, so daß keiner von uns, wenn wir darüber nachdenken und uns die zugehörigen Fragen stellen, diese beantworten kann, weil es nicht möglich ist, unterwegs aus einem Traum auszusteigen, und sei es auch nur, um nachzuschauen, wer ihn träumt.

Gottfried Keller
Denker und Dichter

I

Wohlan, ihr neunmal Weisen!
Ich fordre euch heraus!
Baut ihr von Stein und Eisen
Ein sturmgesichert Haus;
Bau ich aus Blütendüften
Und Mondschein mir ein Schloß,
Drin biete ich euch allen Trutz
Und eurem Schülertroß!

Die güldnen Sonnenstrahlen
Sind meine Lanzen scharf,
Die Blumen in den Talen
Sind all mein Schießbedarf;
Die Tannen auf den Bergen
Sind meine Wächtersleut',
Des Himmels Sterne allzumal
Mein glänzend Heer zum Streit.

Auf, meine Siegstandarte,
Die ist das Abendrot!
Auf, meine Feldherrnwarte,
Die ist das Morgenrot!
Mein Tambour ist der Donner,
Der durch die Lüfte rollt,
Trompeter ist der wilde Sturm,
Der auf den Meeren grollt.

Der Oberfeldzeugmeister
Ist meine Phantasie,
Und ihre tapfern Geister
Verließen mich noch nie!
Die unerschöpfte Kasse
Der Quellen Silberschaum,
Mein lustig kühles Lagerzelt
Des Waldes grüner Raum.

Die Wolken sind Trabanten,
Die meine Stimme ruft,
Und meine Adjutanten
Die Adler in der Luft,
Die fliegen und die spähen
Hinaus in alle Welt,
Mein leicht' Gemüt ist Feldmarschall,
Das ist ein guter Held!

Ich sende dir entgegen,
O Feind! die Nachtigall,
Die bringt mit ihren Schlägen
Dich alsogleich zu Fall.
Ich lasse auf euch spielen
Mein duftiges Geschütz,
Und euer Eis zerschmelzen muß
An meinem Lanzenblitz!

Gott hat zu seinem Zeugen
Geordnet den Gesang;
Der wird nun nimmer schweigen
Die Ewigkeit entlang.

In seinen Zauberwellen
Versinkt der letzte Spott;
Solange noch ein Dichter lebt,
Lebt auch der alte Gott!

2

Nein! – Zwischen uns soll Friede sein,
Die weiße Fahne steck' ich auf,
Daß in geharnischtem Verein
Wir wallen einen Siegeslauf.
Voran, voran, ihr Bittern
In fegenden Gewittern!
Die Dichter aber schreiten nach
Mit klar gestimmten Zithern!

Ihr seid die feuerschwangre Kraft,
Vor der der gift'ge Dunst zergeht;
Sprengt den entlaubten Eichenschaft,
Der starr und dürr im Wege steht;
Doch funkelnd aufgezogen
Sind wir der Regenbogen,
Der von der Erd' zum Himmel lacht,
Wenn das Gelärm verflogen.

Ihr werft die Götzen aus dem Haus,
Im Heidentum, im Christentum;
Ihr jätet Dorn und Distel aus
Und pflügt den starren Acker um!
Doch wir auf Lenzesschwingen,
Mit Spielen und mit Singen,
Wir müssen in die Furchen dann
Den neuen Samen bringen.

Ihr brecht die Bahn durch finstre Nacht,
Die Fackel in der sichern Hand;
Ihr seid die Vorhut und die Wacht,
Ihr sengt und brennt in Feindesland;
Vor der Posaune Schallen
Ist Jericho gefallen,
Vor eurer Tuba stürzen selbst
Des Himmels höchste Hallen!

Dann aber folgt der Sänger Schar,
Die einen neuen Himmel baut,
Darinnen man im Lichttalar
Den alten Gott der Liebe schaut!
Voran, voran, ihr Bittern
In fegenden Gewittern,
Wir ziehen heilend, segnend nach
Mit hell gestimmten Zithern!

Quellenverzeichnis

Altägyptische Anklage. – Aus: Die Weisheit Ägyptens. Ausgewählt, übersetzt und mit einem Nachwort von Hermann A. Schlögl. München 2007 (dtv 34455), S. 107–110 (Kleine Bibliothek der Weltweisheit, 17). © Verlag C. H. Beck, München 2007.

Jonathan Barnes, Philosoph. – Gespräch mit Aristoteles über die Seele. Aus: Auf einen Kaffee mit Aristoteles. Übersetzt von Mara-Daria Cojocaru. München 2010 (dtv 34592), S. 100–106. © Deutscher Taschenbuch Verlag, München 2010.

Gautama Buddha (563–483 v. Chr.), geistlicher Lehrer. – Gibt es ein Jenseits? Aus: Die Reden des Buddha. Ausgewählt und mit einem Nachwort von Helwig Schmidt-Glintzer. Übersetzt von Hermann Oldenberg. München 2005 (dtv 34242), S. 63–81 (Kleine Bibliothek der Weltweisheit, 2).

Marcus Chown, Physiker. – Die zufallsbedingte Wirklichkeit. Aus: Intelligentes Leben im Universum. Übersetzt von Kurt Neff. München 2010 (dtv 24802), S. 211–222. © Deutscher Taschenbuch Verlag, München 2010.

René Descartes (1596–1650), Philosoph und Mathematiker. – Maschinen werden nie wirklich sprechen können. Aus: Discours de la méthode (1637). Übersetzt von Arthur Buchenau. Hrsg. von Lüder Gäbe. 5. Teil, Abschnitt 10–11. Hamburg 1960. © Felix Meiner Verlag, Hamburg.

Dschuang Dsi (Zhuangzhi, ca. 365–290 v. Chr.), geistlicher Lehrer. – Das Dao von Himmel und Erde. Aus: Chinesische Weisheiten. Hrsg. von Stephan Schuhmacher. München 2004 (dtv 34124), S. 68–69. © Deutscher Taschenbuch Verlag, München 2004.

Epikur (ca. 371–240 v. Chr.), Philosoph. – Über das Lebensziel. Aus: Von der Überwindung der Furcht. Übersetzt und mit einer Einführung und Erläuterungen versehen von Olof Gigon. München 1991 (dtv 2268), S. 114–115. © Patmos Verlagsgruppe/Artemis Verlag/Bibliographisches Institut, Mannheim und Zürich 1983.

Erich Fromm (1900–1980), Psychoanalytiker und Sozialphilosoph. – Wer ist der Mensch? Aus: Gesamtausgabe in zwölf Bänden. Hrsg. von Rainer Funk. München 1999, S. 601–607. © 1989, 1999 The Estate of Erich Fromm.

Khalil Gibran (1883–1931), Schriftsteller, Philosoph und Künstler. – Das Leben. Aus: Der Traum des Propheten. Übersetzt von Ditte und Giovanni Bandini. Hrsg. von Bettina Lemke. 2. Aufl. München 2005 (dtv 34144), S. 9–11. © Deutscher Taschenbuch Verlag, München 2004.

Michael Hauskeller (geb. 1964), Philosoph. – Die Erfindung des Erkennens. Aus: Ich denke, aber bin ich auch? Phantastische Reisen durch die Philosophie. München 2. Aufl. 2004, S. 35–39. © Verlag C. H. Beck, München 2003.

Heinrich Heine (1797–1856), Dichter. – Ganz entsetzlich ungesund. Aus: Der Tag ist in die Nacht verliebt. Gedichte. Hrsg. von Jan-Christoph Hauschild. München 2005 (dtv 13390), S. 158–160.

Johann Gottfried Herder (1744–1803), Theologe, Philosoph und Schriftsteller. – Glückseligkeit des Menschen. Aus: Ideen zur Philosophie der Geschichte der Menschheit. Darmstadt 1966, S. 220–224.

Hanna Johansen (geb. 1939), Dichterin. – Wer trägt das Gewicht der Welt? Aus: Über den Himmel. Märchen und Klagen. München 2005 (dtv 13373), S. 40–47. © Carl Hanser Verlag, München 1993.

Franz Kafka (1883–1924), Dichter. – Ein Mensch hat freien Willen. Aus: Betrachtungen über Leben, Kunst und Glauben. Mit einem Nachwort von Peter André Alt. München 2007 (dtv 34456), S. 25 (Kleine Bibliothek der Weltweisheit, 19).

Mascha Kaléko (1907–1975), Dichterin. – Apropos »Freier Wille«. Aus: In meinen Träumen läutet es Sturm. Hrsg. und eingeleitet von Gisela Zoch-Westphal. München 1977 (dtv 1294), S. 148. © Deutscher Taschenbuch Verlag, München 1977.

Immanuel Kant (1724–1804), Philosoph. – Vom Ursprung des Bösen in der menschlichen Natur. Aus: Immanuel Kant. Ausgewählt und vorgestellt von Günter Schulte. München 1998 (dtv 30683), S. 286–291.

Gottfried Keller (1819–1890), Dichter. – Denker und Dichter. Aus: Sämtliche Werke in acht Bänden. Berlin 1958–1961, Bd. 1, S. 299–301.

Konfuzius (551–479 v. Chr.), Philosoph. – Die fünf Vorbedingungen der Sittlichkeit. Aus: Gespräche. Lun-yü. Übersetzt von Richard Wilhelm. Mit einem Nachwort von Hans van Ess. München 2005 (dtv 34246), S. 164 (Kleine Bibliothek der Weltweisheit, 6).

Friedrich Nietzsche (1844–1900), Philosoph. – Von den ersten und den letzten Dingen. Aus: Menschliches, Allzumenschliches I und II. Krit. Studienausgabe Bd. 2. Hrsg. von Giorgio Colli und Mazzino Montinari. München 1988 (dtv 2222), S. 23–26. – Der Wille zur Macht. Aus: Friedrich Nietzsche. Weisheit für Übermorgen. Unterstreichungen aus dem Nachlaß von Heinz Friedrich. München 1999 (dtv 30733), S. 170–171. – Ausser Dienst. Aus: Also sprach Zarathustra. Mit einem Nachwort von Volker Gerhardt. München 2010 (dtv 34643), S. 258–262 (Kleine Bibliothek der Weltweisheit, 29).

Blaise Pascal (1623–1662), Philosoph. – Erkenntnis Gottes. Aus: Größe und Elend des Menschen. Aus den ›Pensées‹. Auswahl, Übersetzung und Nachwort von Wilhelm Weischedel. Frankfurt a. M. und Leipzig 1979, S. 59–60. © Insel Verlag, Frankfurt a. M. 1979.

Rees, Martin, Astrophysiker. – Interstellare Kommunikation. Aus: Das Rätsel des Universums. Hatte Gott eine Wahl? Übersetzt von Thomas Filk. München 2006 (dtv 34331), S. 43–48. © Verlag C. H. Beck, München 2003.

Rainer Maria Rilke (1875–1926), Dichter. – Das Märchen von den Händen Gottes. Aus: Geschichten vom lieben Gott. Wiesbaden o. J., S. 9–20.

Arthur Schopenhauer (1788–1860), Philosoph. – Grenzenloses Mitleid. Aus: Über das Mitleid. Hrsg. und mit einem Nachwort von Franco Volpi. München 4. Aufl. 2009 (dtv 34250), S. 106–118 (Kleine Bibliothek der Weltweisheit, 10).

Lucius Aennaeus Seneca (ca. 4 v. Chr. – 65 n. Chr.), Philosoph, Dichter und röm. Senator. – Sind es die Sinne oder ist es der Verstand, durch den das Gute erfasst wird? Aus: Briefe an Lucilius. Übersetzt, mit Einl. und Anm. versehen von Otto Apelt. Wiesbaden 2004, S. 342–349.

Kurt Tucholsky (1890–1935), Schriftsteller. – Das »Menschliche«. Aus: Sprache ist eine Waffe. Sprachglossen. Zusammengestellt von Wolfgang Hering. Reinbek b. Hamburg 1989, S. 51–55.